JN076179

新装版 英会話1000本ノック

1000本ノック

初級編

場面別トレーニング

英会話コーチ
スティーブ・ソレイシィ 著

コスモピア

Message from your coach

Welcome to 英会話 1000 本ノック 初級編！

　本書を手にとってくださった皆さん、いきなりですが、英会話の「初級」とはなんでしょうか。今までに作られた多くの英語学習書は、初級者にちょうどいい難易度の語彙や文法で教材が作られ、そして学習者はそれを覚えて**いつか使う**——しかし、この考え方はもう崩壊しています。英語を使うはずの「**いつか**」はなかなか到来せず、教材で覚えたはずの初級語彙はいつまでたっても身につきません。いざ本番というときに、言葉が何も出ず、悔しい思いをした人もいるでしょう。本書で学習するみなさんには、まず、英会話学習における「初級」の概念をリセットしていただき、初級者のための新しい英会話学習法で新しい学習効果を体験して欲しいと思います。

　本書に登場する語彙や文法は、多くの初級学習書よりもやさしく簡単なものを選んでいます。それには理由があります。従来型の学習は、用意された英語をただ読んで聞いて, さらにそれをリピートする。しかし、実際に自分が話す英語の難易度は、用意された英語とはかなり違います。英語を理解することと、自分で作り出すことはまったく別の作業だからです。本書では、英語初級者ならできるはずの言葉のキャッチボール訓練を通して、あなたのスピーキング力を確実に効率よくレベルアップさせていきます。

　ここで、本書で提供する新しい英会話の３つの基準をご紹介しましょう。

基準その１：言葉を返せるか返せないか

　どんなに英語の成績が良くても、覚えたつもりであっても実際に相手の問いかけに「無回答」では、この基準を満たせません。まず言葉をきちんと返せるかどうか、どの程度リズムよく返せるのか、測ってみましょう。本書の文章は「初級者にも簡単すぎる」と感じる方もいるかもしれませんが、でもそれが言葉を出すための練習としてちょうどいいのです。

基準その2：会話の往復回数

Nice to meet you.（はじめまして）——Nice to meet you too.（どうも、はじめまして）を1往復とカウントすると、このキャッチボールを何往復続けることができるか、というのが2番目の基準です。本書では、初級会話として約6往復の会話でトレーニングします。「初心者なんだから1往復じゃないの」と勘違いされる方もいるかもしれませんが、初心者だからこそ6往復が現実的なのです。1往復で言いたいことがうまく伝わるなんてネイティブでも難しいでしょう。

基準その3：自由回答ができるかどうか

最後の基準は、固定フレーズを答えるのではなく、自分なりの答えを作り、それを相手に伝えられるかどうかです。もしかすると、今までは定型文だけで練習をして、自由作文にチャレンジしたことがない人もいるかもしれません。文法ミスがあってもなくても、とにかく通じることが重要。複雑な英文法を使いこなす必要はまったくないので、自分なりの回答を口に出す練習をしてみてください。

ひとつ不思議な現象をお教えしましょう。この3つの基準に沿ったトレーニングを1000本くらい返すことによって、英文法が自然とキレイになります。その理由は、「慣れ」です。英語を口に出すことに慣れてくると無意識にその表現が自然なものとなり、相手にもより通じるようになるのです。

みなさんには、「英会話に慣れた」という実感をぜひ味わって欲しいです。ですから、これだけ最後にお願いします。必ず声に出して、練習してください。

2020年3月　スティーブ・ソレイシィ

＊本書は2014年に刊行された『英会話1000本ノック　本番直前編』の新装版です。

Contents

はじめに ……………………………………………………………………… 2

本書の使い方と基本的な構成 ……………………………………………… 8

音声ダウンロードについて ………………………………………………… 12

Chapter 1
口慣らしウォーミングアップ 13

口慣らしウォームアップ 1 イントネーションで表現力アップ ……………… 14

口慣らしウォームアップ 2 頭と口の連携スピードアップ …………………… 16

Chapter 2
初対面の本番

First Encounters 19

基礎準備 **出会いと別れの定番あいさつ** ……………………… 20

Unit 1 How are you? 攻撃 ………………………………… 20

Unit 2 初対面の名前攻撃 …………………………………… 21

Unit 3 はじめましてのあいさつ上手 …………………… 22

Unit 4 定番の「またね」表現 …………………………… 23

Unit 5 道案内上手—It's that way. …………………… 24

Unit 6 聞き返しで会話コントロール ………………… 25

★ Rally の効果的なトレーニング方法 ………………… 26

本番 1 **英語講師とファーストレッスン** ……………… 28

本番 2 **友だちのフレンドと初対面** …………………… 36

本番 3 **来客の先生を駅でピックアップ** ……………… 44

本番4 **突撃** **電車で突然話しかけられる** ⋯⋯⋯⋯⋯⋯ 54

本番5 **突撃** **街で突然道を聞かれる** ⋯⋯⋯⋯⋯⋯⋯⋯ 58

Speed Challenge 1 発音ノック ── 2ビート ⋯⋯⋯⋯⋯⋯⋯ 66

Speed Challenge 2 発音ノック ── 3ビート ⋯⋯⋯⋯⋯⋯⋯ 67

Speed Challenge 3 テンポトレーニング ── サンドイッチの注文 ⋯⋯ 68

Chapter 3
一緒に時間を過ごす本番
Deeper Encounters 69

基礎準備 **あいさつとお礼の定番表現** ⋯⋯⋯⋯⋯⋯ 70

Unit 1 2回目以降に会うときの定番あいさつ Nice to see you again. ⋯⋯ 70

Unit 2 Long time no see. 以外の「久しぶり」をマスター ⋯⋯ 71

Unit 3 人を紹介する ⋯⋯⋯⋯⋯⋯⋯⋯⋯⋯⋯⋯⋯⋯⋯⋯ 72

Unit 4 Thank you. と言われた時に返すフレーズセット ⋯⋯⋯⋯ 73

本番6 **ゲストを招く ── 自宅編** ⋯⋯⋯⋯⋯⋯⋯⋯⋯ 74

本番7 **ゲストとして訪問する ── 友だちの家編** ⋯⋯ 82

本番8 **ゲストを出迎える ── ビジネス編** ⋯⋯⋯⋯⋯ 92

本番9 **ゲストとして訪問する ── ビジネス編** ⋯⋯⋯ 102

➡ Contents

🎬 本番 10　**街を観光案内 ── 日本的なものを説明する** ………… 112

🎬 本番 11　**親密なおつき合い ── デート** ……………………… 120

Speed Challenge 4　発音ノック ── 3ビート（2）…………………… 128

Speed Challenge 5　発音ノック── 4ビート ……………………………… 129

Speed Challenge 6　頭と口のスピード連携ノック ……………………… 130

Chapter 4
食事も会話も共有する本番
Sharing a Meal　131

🎬 基礎準備　**食事も会話もはずむ定番表現** ………………………… 132

Unit 1　「おいしい」の基礎表現 ……………………………… 132

Unit 2　食事や料理の感想をシェアする表現 …………………… 133

Unit 3　「いただきます」「ごちそうさま」の言い換え表現 …… 134

Unit 4　外食の基礎──飲み物のオーダーと勘定のやりとり …… 135

🎬 本番 12　**カフェでクイックランチ** …………………………… 136

🎬 本番 13　**友だちの BBQ パーティに参加する** ……………… 144

🎬 本番 14　**自宅での食事に友だちを招待** …………………… 154

🎬 本番 15　**仕事帰りにバーで一杯** ……………………………… 162

| Speed Challenge 7 | テンポトレーニング ―― 参加に登録する | 170 |
| Speed Challenge 8 | 計算ノック ―― Figures and numbers | 172 |

Chapter 5
海外旅行のお決まり本番

Travel **173**

| 基礎準備 | **旅行の必須会話セット** | **174** |

Unit 1	「すみません」的表現をすっきり整理	174
Unit 2	Thanks & Sorry 合戦	175
Unit 3	要求をていねいに伝える超便利表現 May I have+ 欲しいもの	176
Unit 4	要求をていねいに伝える超便利表現 May I have+ 欲しい情報	177

| 本番 16 | **空港からタクシーに乗るまで** | 178 |

| 本番 17 | **ホテルでの会話** | 188 |

| 本番 18 | **カフェとショッピングを楽しむ** | 196 |

| 本番 19 | 突撃 | **海外でのトラブル回避術** | 204 |

Speed Challenge 9	テンポトレーニング ―― 空港にて	218
Speed Challenge 10	発音ノックの応用 ――文章編	219
Speed Challenge 11	名言ビルドアップ	220
Speed Challenge 12	あたまと口をやわらかく―否定文で言い換えノックと早口ノック	221

本書の使い方と基本的な構成

本書の構成

本**1**冊 (1000本ノック) ＋トレーニング用音声

＋ 音声（ダウンロード）

練習ノック 1000本 問いかけノック＋あなたが回答する時間＋回答例

Knock Test 1000本 問いかけノック＋あなたが回答する時間

計ノック **2000** 本収録

音声の使い方

　本教材は本と音声の学習セットです。学習にはできるだけ音声を活用して、1000本の問いかけノックに対して自分から英語を口に出すようにしましょう。ダウンロード音声は本書のノックが学習しやすい単位で収録されています。コーチのノックを聞いて、ポーズの間に自分の回答を言いましょう。

▶ポーズの間に自分で回答を言ってみよう！

英 → 英

PLAY

（コーチのノック）How are you?　　（あなたの回答）（ANSWER TIME）　（回答例）Good, thanks. And you?

↑ここであなたが Good, thanks. And you? などと答えます。正解はひとつではありません。

日 → 英

PLAY

（コーチのノック）ここから5駅です。　　（あなたの回答）（ANSWER TIME）　（回答例）It's five stops from here.

↑ここであなたが英語で答えます。

※テスト用ノック（Knock Test）には回答例は収録されていませんので、テンポよくトレーニングができます。

学習アドバイス

　本書の学習は初級者から中級者向けの3段階のトレーニング方法があります。英語の難易度が高くなるのではありません。同じ基礎的な英語を使用しますが、下記の3つの練習方法によってスキルの難易度を調整することができます。自分に合ったやり方をみつけてくださいね。

1 EASY トレーニングコース

❶本を見ながら、ノックと回答例の内容そして「本番」の流れを確認する。

❷音声を使わずに、本のノックの部分だけを見て、それぞれに自分のペースで短い回答をしてみる。

❸本を見ながら問いかけを見て、さらに音声を聞きながら、ポーズの間に回答を答える。回答率は 50％以上を目指す。

2 CHALLENGING トレーニングコース

❶本を見ないで音声だけを聞いて、ポーズの間に自分なりの回答を言ってみる。

❷次に、回答例と自分の回答を比較して、返せたノックと返せなかったノックを把握する。そして必要な回答例だけを本でチェック。回答率は 70％以上を目指す。繰り返しトライしましょう。

3 ADVANCED トレーニングコース

❶本を見ないで音声だけを聞いて、ポーズの間に自分なりの回答を言ってみる。

❷返せたノックと返せなかったノックをチェックし、再度チャレンジ。この時に、ひとつでもよいので気の利いた自分だけのオリジナル回答を言えるように目指す。またすべてのノックをポーズの制限時間内に言い切れるようにする。回答率は 90 〜 100％以上を目指す。

Knock Test の使い方

　音声には通常の練習用（問いかけノック＋ポーズ＋回答例）と Knock Test 用（問いかけノック＋ポーズ）があります。Knock Test の 1000 本は回答例が入っていないので、コーチとあなただけのフレーズトレーニングやマンツーマンの会話をイメージして自分なりの回答を返してみてください。

音声のならび

練習用ファイルのすぐ後に「_TEST」という名前で同じ内容のノックが回答例なしで収録されています。

例）002_C1_ イントネーションで表現力アップ 1-1
　　→練習用（回答例入り）
　　003_C1_ イントネーションで表現力アップ 1-1_TEST
　　→ Knock Test 用（回答例なし）

Knock Test の音声では、各ページのノックを左記のチェックボックスを使って学習します。自分で怪しいと思ったノックにチェックを入れたり、逆にできたところにチェックを入れてもよいです。

「本番」の構成

❶ Short Rally ・・・・・・・・・ 定番の会話を 6 往復前後でトレーニング

❷ よく使う表現ノック ・・・・ それぞれの「本番」でよく使う表現を
日→英で練習。

❸ よく聞かれる質問ノック ・・ それぞれの「本番」でよく聞かれる質問を
英→英で練習。

❹ Long Rally ・・・・・・・・・ 定番の会話を 12 往復前後でトレーニング。
「よく使う表現」「よく聞かれる質問」で学習
した成果をここで発揮しよう！

※突撃本番は「Short Rally」と「よく使う表現」だけで構成されます。

ページの使い方

Short Rally と Long Rally

これから始まる
「本番」について
の説明

本番タイトル

コーチのアドバイス

往復数

英語の
問いかけノック

回答例

正解はひとつではあ
りません。あくまで
例です。自分で言い
たいことを言えるよ
うにするためのヒン
トとして活用してく
ださい。同じ答えを
目指さないことが大
事です。

Knock Test

「よく使う表現」「よく聞かれる質問」

※サンプルは「よく聞かれる質問」のページです。

ひとつの質問に対して、異なる回答を
求める指示がある場合があります。

英語の
Question
ノック

回答例

こちらも上記と同じ
ように、この回答例
に合わせる必要はな
く、自分の言いたい
ことを言うためにヒ
ントとして活用して
ください。

Knock Test

　このほかにも口慣らし用のトレーニングや、息抜き用の Speed Challenge など
の練習セットもあります。「本番」のとレーニングとあわせて活用してください。

スマホでらくらく聞ける！
音声ダウンロードについて

- ●本書の音声はアプリ「audiobook.jp」からダウンロードすることができます。
- ●アプリ「audiobook.jp」では、速度変更やくり返し再生を行うことができます。

＊音声をダウンロードするには、連携サイト audiobook.jp での会員登録（無料）が必要です。下記の手順に沿って音声をご利用ください。

このサイトにアクセス！
または「コスモピア シリアルコード」で検索！
https://audiobook.jp/exchange/cosmopier

1
audiobook.jp
（ウェブサイト）または
アプリから
会員登録（無料）

2
上記サイトで
8桁の
シリアルコード＊
を入力

3
audiobook.jp の
本棚から
ダウンロード
スマホの場合は、アプリ
「オーディオブック」から！

＊アプリでご利用の場合のご注意
アプリ内からはシリアルコード検索ができないため、シリアルコード検索は必ずブラウザ上で上記の URL にてお願いいたします。一度シリアルコードで検索した音声は、アプリに連携され、スマホなどで再生が可能となります。

＊8桁のシリアルコード 1000bons をご入力ください

PC をお使いの方は下記の方法でご利用ください。(登録無料)
① 「コスモピアオンラインショップ」に会員登録　https://cosmopier.net/shop/
② ログイン後、左側のカテゴリーの一番上にある「ダウンロードステーション」をクリック。
③ 「ダウンロードステーション」で該当書籍を選ぶ。
　ダウンロードしたい音声がある書籍を選び、「Go!」をクリック。音声は PC の一括ダウンロード用圧縮ファイル（ZIP 形式）でのご提供です。解凍してお使いください。

Chapter 1

口慣らし
ウォーミングアップ

口慣らしウォームアップ 1　イントネーションで表現力アップ（→p.14）

口慣らしウォームアップ 2　頭と口の連携スピードアップ（→p.16）

イントネーションで表現力アップ

ここでは Yes. と No. だけでニュアンスを伝えるトレーニングをしましょう。　🎧 Audio 002

ノック	Answer
1 普通に	**Yes.**
2 怒った感じ	**Yes!**
3 ホッとした感じ	**Yes.**
4 疑う感じ	**Yes?**
5 （呼ばれて）なあに	**Yes.**（のばす）
6 普通に	**No.**
7 おしいけど違う	**Noooo.**（のばす）
8 怒った感じ	**No!**
9 ばかばかしくて違う	**No.**
10 疑う感じ	**No?**

✓ **Knock Test**
Check! 🎧 Audio 003
🎧 Audio 005

通常のトレーニング音声は「ノック→ポーズ→回答例」の順になっています。
各ノックにはノックテストと言って、「ノック→ポーズ」のみの音声で自分なりの
回答を試すテストが用意されています。
それぞれページの下にノックテスト用のチェックボックスがあるので、うまく回答
できたかどうかチェックしてみてください。

Coach's Advice 簡単なことばを使って、イントネーションの力で表現の幅を広げよう。
ノックを聞いてそれぞれのフレーズを感情をこめて表してみて。

前半は This is my room.、後半は You found my homework. で練習。　🎧 Audio 004

ノック	Answer

11

普通に　　This is my room.

12

自慢げな感じ　　This is my room.

13

疑う感じ 1
（本当に）**これ**が私の部屋？　　**This** is my room?

14

疑う感じ 2
（本当に）これが私の**部屋**？　　This is my **room**?

15

疑う感じ 3
これが（本当に）**私の**部屋？　　This is **my** room?

16

普通に　　You found my homework.

17

超うれしい様子で　　You found my homework!

18

うしろめたくやばい感じで　　You found my homework.

19

疑う感じ 1 あなたが私の宿題
（本当に）**見つけたの**？　　You **found** my homework?

20

疑う感じ 2 （本当に）**あなた**
が私の宿題見つけたの？　　**You** found my homework?

1	2	3	4	5	6	7	8	9	10
11	12	13	14	15	16	17	18	19	20

頭と口のスピード連携アップ

ノック Answer 🎧 Audio 006

21	1 〜 25 を ⏱15秒で。	One, two three, four... twenty-five.
22	1 〜 25 を ⏱10秒で。	One, two three, four... twenty-five.
23	1 〜 30 を ⏱10秒で。	One, two three, four... thirty.
24	15 〜 1 を ⏱15秒で。	Fifteen, fourteen, thirteen... one.
25	13 〜 1 を ⏱10秒で。	Thirteen, twelve, eleven... one.
26	18 〜 1 を ⏱20秒で。	Eighteen, seventeen, sixteen... one.
27	A 〜 Z を ⏱10秒で。	A, B, C...
28	D 〜 A までを ⏱5秒で。	D...
29	E 〜 A までを ⏱5秒で。	E...
30	F 〜 A までを ⏱5秒で。	F...

☑ **Knock Test**
Check!

21	22	23	24	25	26	27	28	29	30

🎧 Audio 007

Coach's Advice 頭の中ではサッとイメージできても、それを制限時間内に口に出し切れるかどうかがこれからのトレーニングにも会話にも貢献する力になるよ。

ノック　ヒント　Audio 008

31 I like + [動名詞].
10秒で3個。
I like shopping.
自分のオリジナルを3個
回答例は次のページ

32 I don't like + [動名詞].
10秒で2個。
I don't like jogging.

33 No.31とNo.32を交互に。
20秒で4個。（2個ずつ）
I like shopping. I don't like jogging.

34 動名詞を名詞に変えて交互に。
20秒で4個。（2個ずつ）
I like Sundays. I don't like Mondays.

35 明日することを。
10秒で3個。
Tomorrow I'm gonna meet my friend.

36 明日しないことを。
10秒で2個。
Tomorrow I'm not gonna come home early.

37 明日することとしないことを交互に。
20秒で4個。（2個ずつ）
Tomorrow I'm gonna read a book. Tomorrow I'm not gonna watch TV.

38 今年したいことを。
10秒で3個。
This year I wanna go to Hawaii.

39 今年したくないことを。
10秒で2個。
This year I don't wanna get sick.

40 今年したいことと今年したくないことを交互に。
20秒で4個。（2個ずつ）
This year I wanna go to Hawaii. This year I don't wanna get sick.

Knock Test 31 32 33 34 35 36 37 38 39 40
Audio 009

31 I like dancing. / I like singing. / I like reading.
ダンスが好き／歌うのが好き／読書が好き

32 I don't like swimming. / I don't like waiting.
水泳は好きじゃない／待つのは好きじゃない

33 I like dancing. / I don't like packing. / I like reading. / I don't like waiting.
ダンスが好き／荷造りは好きじゃない／読書が好き／待つのは好きじゃない

34 I like chocolate. / I don't like coffee. / I like summer. / I don't like snow.
チョコレートが好き／コーヒーは好きじゃない／夏が好き／雪は好きじゃない

35 Tomorrow I'm gonna... go shopping. / buy some winter clothes. / meet some friends.
明日、買い物に行く／冬服を買いに行く／友だちに会う

36 Tomorrow I'm not gonna... be late for school. / eat too much chocolate.
明日、学校に遅刻しない／チョコレートを食べすぎない

37 Tomorrow... I'm gonna go shopping. / I'm not gonna make a cake. / Tomorrow... I'm gonna sleep late. / I'm not gonna go to work.
明日買い物に行く／明日ケーキは作らない／明日遅く寝る／明日会社に行かない

38 This year I wanna... go to Hawaii. / lose weight. / complete 1000 knocks.
今年、ハワイに行きたい／痩せたい／1000本ノックを達成したい

39 This year I don't wanna... lose my cell-phone. / And I don't wanna drop my cell-phone either.
今年、携帯電話をなくしたくない／そして携帯電話も落としたくない

40 This year I wanna lose weight. / This year I don't wanna get sick. / This year I wanna go to Hawaii. / This year I don't wanna lose... this year I don't wanna lose my cell-phone.
今年痩せたい／今年病気になりたくない／今年ハワイに行きたい／今年はなくしたくない……今年携帯電話をなくしたくない

Chapter 2

初対面の本番

First Encounters

基礎準備 出会いと別れの定番あいさつ （→p.20）

本番1 英語講師とファーストレッスン （→p.28）

本番2 友だちのフレンドと初対面 （→p.36）

本番3 来客の先生を駅でピックアップ （→p.44）

本番4 **突撃** 電車で突然話しかけられる （→p.54）

本番5 **突撃** 街で突然道を聞かれる （→p.58）

Speed Challenge （→p.66）

出会いと別れの定番あいさつ

Unit **1** How are you? 攻撃 英→英

Coach's Advice　How... ?にはいろいろな変化球があるけれど、多くの場合は本当に調子を知りたいのではなく、社交辞令なので「おかげさまで」とスムーズに返そう。

🎧 Audio 010　　　ノック　　　▼しおり　　　Reply

41

How are you?
お元気ですか？
➡ **Good, thanks. And you?**
おかげさまで。ありがとう。あなたは？

42

So, how are you doing?
調子はどうですか？
➡ **Good, thanks. And you?**
おかげさまで。ありがとう。あなたは？

43

We finally met. How are you?
やぁ。やっと会えたね。元気？
➡ **Good, thanks. And you?**
おかげさまで。ありがとう。あなたは？

44

Oh, long time no see. How have you been?
やぁ。久しぶり。お元気ですか？（ご無沙汰ですね）
➡ **Good, thanks. And you?**
おかげさまで。ありがとう。あなたは？

45 **Q**uick Rally　学習した表現を使ってみよう。

Hi. ➡ (Hi.) ➡ **How are you doing?** ➡ Good, thanks. And you?

✓ **Knock Test** 🎧 Audio 011

41	42	43	44	45

Check! 回答例なしの音声を使って、自分の回答をテンポよく答えてください。

Unit **2** 初対面の名前攻撃 英→英

Coach's Advice Hi.＋ I'm... と言われるので、Hi.＋ 言われたファーストネームを使ってあいさつをしよう。人の名前は難しく考えないで聞こえたとおりに言ってみて。

🎧 Audio 012　　　ノック　　　▼しおり　　　Reply

46

Hi.
どうも。／こんにちは。
▶定番のあいさつ。落ち着いたトーンで「ハイン」と言おう。

➡ **Hi.**
どうも。

47

Hi, there.
どうもどうも。／あ、どうも。

➡ **Hi, there.**
どうもどうも。

48

Hi. I'm Paul.
どうも。ポールです。

➡ **Hi, Paul. Nice to meet you.**
こんにちは、ポール。はじめまして。

49

Hi. I'm Fantasia.
こんにちは。ファンタジアです。

➡ **Hi, Fantasia. Nice to meet you.**
こんにちは、ファンタジア。はじめまして。

50

Hi. I'm Timothy Oblangi. Just call me Tim.
どうも。ティモシー・オブランジです。ティムと呼んでください。

➡ **Hi, Tim. Nice to meet you.**
こんにちは、ティム。はじめまして。

 実践してみよう。相手の紹介の後に自分の名前を言ってあいさつしよう。

51

Oh. Nice to meet you. I'm Jon Carlo.
はじめまして。ジョン・カルロです。

➡ **Hi. Jon Carlo. I'm Kei Saito**[自分の名前]**. Nice to meet you.**
こんにちは、ジョン・カルロ。斉藤ケイ［自分の名前］といいます。はじめまして。

52

May I have your name again?
お名前をもういちどお願いできますか？

➡ **Sure. I'm Kei Saito**[自分の名前]**. Just call me Kei**[自分の呼び名]**.**
はい。斉藤ケイです。ケイと呼んでください。

53

How do I pronounce your name again?
お名前の発音をもういちどいいですか？

➡ **It's K-E-I. So it's Kei.**
はい。K-E-Iでケイです。

✓ **Knock Test**
Check!
🎧 Audio 013

46	47	48	49	50	51	52	53

Coach's Advice 初対面では Nice to meet you. が基本。これを変化させてよく使うバリエーションで使えるようになろう。

🎧 Audio 014　　　ノック　　　　▼しおり　　　Answer

54

（カジュアルに）
はじめまして。
（直）お会いできてうれしいです。　➡ **Nice to meet you.**

55

（丁寧に）
はじめまして。　➡ **It's nice to meet you.**

56

（やっとお会いして）
やっとお目にかかれましたね。　➡ **Nice to finally meet you.**

57

（やっとお会いしてを丁寧に）
やっとお目にかかれましたね。　➡ **It's nice to finally meet you.**

58

（敬意をこめて）
お会いできてうれしいです。　➡ **It's a pleasure to meet you.**

59

（著名人などに）
お目にかかれて光栄です。　➡ **It's an honor to meet you.**

60

別れ際には……

（カジュアルに）
では失礼します。　➡ **Nice meeting you.**
▶ 別れ際には meeting を使う。meet でも通じるが、こちらが定番。

61

（丁寧に）
では失礼いたします。　➡ **It was nice meeting you.**

☑ **Knock Test** 　54 ｜ 55 ｜ 56 ｜ 57 ｜ 58 ｜ 59 ｜ 60 ｜ 61
🎧 Audio 015

Unit **4** 定番の「またね」表現 日→英

Coach's Advice ここでは、waitではなくよく使うI'm looking for...とSee you... の表現を身につけて正しい「またね」を使えるようになろう。

🎧 Audio 016 | ノック | ▼しおり | Answer

62

（また会えるのを）
お待ちしています。

➡ **I'm looking forward to seeing you.**
▶ 「待つ」=waitとしないで。メールなどの最後によく使う「お返事をお待ちしています」はI'm looking forward to hearing from you.

63

（先生などと最初にあいさつするときに）
今日はよろしくお願いします。

➡ **I'm looking forward to your lesson.**

64

またね。

➡ **See you later.**
▶ See you. だけだと「んじゃ」のようにカジュアルすぎるのでなにかひとことプラスするとよい。

65

またいつか会いましょう。

➡ **See you again sometime.**

66

では、またね。

➡ **See you around.**
▶ どこかで会う可能性のある場合は最後にその場所 the office / the park / the gym などを付けたすとよい。See you around at the office. など。

67

また明日ね。

➡ **See you tomorrow.**

68

（会うことになっている人に）
では後ほど。

➡ **See you soon.**

69 **Quick Rally** 学習した表現を、ほぼオウム返しでテンポよく使ってみよう。

Nice meeting you. ➡ Nice meeting you too. ➡ **See you around.**
➡ See you around. ➡ **B'bye.** ➡ B'bye.

✅ **Knock Test** | 62 | 63 | 64 | 65 | 66 | 67 | 68 | 69
Check!
🎧 Audio 017

23

Unit 5 道案内上手—It's that way. 日→英 英→英

わかりやすく道を案内するコツは、まず道順を教えないこと。教えてあげたい方向を指して、It's that way. そしてさらに会話のキャッチボールをこなして補足情報をプラスしてみよう。

🎧 Audio 018　　ノック　　▼しおり　Reply + Answer

70

あちらです。　　　　　　　➡ **It's that way.**

71

あちらだと思います。　　　➡ **I think it's that way.**

72

正確にはわかりませんが、あちらだと思います。　➡ **I'm not sure, but I think it's that way.**

 あなたの自宅の近くで道を聞かれたと想定して……

73

Which way is the nearest train station?
最寄りの駅はどちらですか？
➡ **It's that way.** ＋指さし
あちらです。

74

Where is the nearest convenience store?
最寄りのコンビニはどちらですか？
➡ **It's that way.** ＋指さし
あちらです。

75

I'm looking for a bank.
銀行を探しているのですが……。
➡ **It's that way.** ＋指さし
あちらです。

76

Where can I find the post office?
郵便局はどちらでしょうか？
➡ **It's that way.** ＋指さし **It's about 10 minutes from here.**
あちらです。ここから10分くらいです。

77 **Quick Rally**　学習した表現を使ってみよう。

Excuse me? ➡ Yes? ➡ **Where's the post office?** ➡ I think it's that way.
➡ **OK. Thanks.** ➡ No problem.

☑ **Knock Test**
Check!

70	71	72	73	74	75	76	77

🎧 Audio 019

Unit **6** 聞き返しで会話コントロール 日→英

Coach's Advice 急に聞き取れない長文などで話しかけられても大丈夫。Would you...？などで聞き返すことで会話をこちらのペースに合わせてもらおう。

🎧 Audio 020　　ノック　　　▼しおり　　Answer

78

（軽く聞き返すていねいな表現）
え？

➡ **Sorry?**

79

もういちどお願いできますか？

➡ **Would you say that again, please?**

▶ 聞き取れないときに、One more, please. やAgain, please. でも通じるがカタコトに聞こえてしまうのでこの表現にしましょう。

80

もう少しゆっくり話していただけますか？

➡ **Would you say that more slowly?**

81

もう少し簡単に言っていただけますか？

➡ **Would you say that more simply?**

82

（ノックを聞いて Would you...? で聞き返してみて）
Blah, blah, blah...

➡ **Would you say that again?**

83

住所を教えていただけますか？

➡ **Would you tell me the address?**

84

（うまく相手の言っている場所が聞き取れない場合は）
ここに書いていただけますか？

➡ **Would you write that here?**

85

ここでお待ちいただけますか？
誰かに聞いてきます。

➡ **Would you wait here? I'll ask someone.**

✓ **Knock Test**　78 ┊79 ┊80 ┊81 ┊82 ┊83 ┊84 ┊85
Check!
🎧 Audio 021

Rallyの効果的なトレーニング方法

　これから始まる「本番」では Rally のトレーニングをします。ただ繰り返すだけのリピーティングやフレーズなどを暗記する学習ではなく、6〜12のノック（コーチからの問いかけ）に対して、自分なりに答える疑似会話をしてもらいます。例えば本番3の「来客の先生を駅でピックアップ」では、Do you know the forecast for tomorrow? と聞かれますが、自分の地域の実際の天気予報を言ってみましょう。

　回答例として Model Replies を載せていますが、これは正解ではありません。Rally トレーニングは複数の人がまったく違う答え方をするのが自然なスタイルです。どのような返事が返ってきても会話が成立し、しかもいろんな答え方ができるようにノックを厳選しています。

　残念ながら実際の会話のように、あなたからの質問に私が答えるということはできないけれど、学習者は私のノックに対して答えて、答えて、答えて……というかたちで会話が成立するので、会話を止めることなく何往復できるかが重要なポイントです。

　自分で言いたいことの内容を考えて、基礎的な言葉を「運用」して答える、そして会話体力をつけることが Rally トレーニングのねらいです。

　最初は回答例（Model Replies）が収録された音声を使用してひとつの Rally を 2〜3 回トライしてみて、慣れてきたら回答例の入っていない Knock Test の音声であなただけの本番 Rally を実践してみましょう。

いろんな回答であたりまえの例

1往復目

Hi. I'm Adam Oblangi.
どうもアダム・オブランジです。

Hi. I'm Suzuki. Nice to meet you.
こんにちは。鈴木と言います。はじめまして。

Hi. My name is Ken Kato.
こんにちは。加藤ケンです。

Hello. Nice to meet you. I'm Kei.
こんにちは。はじめまして。ケイと言います。

2往復目

Nice to meet you. So how are you today?
はじめまして。本日（調子）はいかがですか？

Good, thanks. And you?
いいです。ありがとうございます。先生はどうですか？

Nice to meet you too. I'm a little nervous. How are you?
こちらこそはじめまして。ちょっと緊張しています。先生はいかがですか？

Great, thanks. And you?
とてもいいです。ありがとうございます。先生はどうですか？

3往復目

So please introduce yourself.
では、自己紹介をしてください。

Yes. My name is Suzuki. I work for a transportation company.
はい。名前は鈴木です。運輸会社で働いています。

My name is Kato Ken. I don't work now. Please call me Ken.
名前は加藤ケンです。今は働いていません。ケンと呼んでください。

Hello. I'm Kei. I'm university student. I'm studying sociology.
こんにちは。ケイと言います。大学生です。社会学を勉強しています。

英語講師とファーストレッスン

 今日は英会話レッスンの初日。下の Short Rally で Adam 先生に初対面のあいさつをしてみよう。

🎧 Audio 022

Short Rally 6 往復

相手の問いかけ - - - - - - - - - - ▶ あなたの Reply

86

Hi. I'm Adam Reynolds.

どうも。アダム・レノルズです。

87

Sorry. May I have your name again?

すみません。もう一度お名前をお願いできますか?

88

Nice to meet you. So how are you today?

はじめまして。本日（調子）はどうですか?

89

Good. Are you ready to begin?

よかった。では始めていいですか?

90

OK. Have a seat.

はい。では座ってください。

91

OK. Let's do a level check. So please introduce yourself. Go ahead.

OK. レベルチェックをしましょう。では自己紹介をお願いします。どうぞ始めてください。

Knock Test
Check! 🎧 Audio 023

上のトレーニングの音声は「ノック→ポーズ→回答例」の順となっていますが、このノックテストは「ノック→ポーズ」のみです。自分の回答をテンポよく答えてください。

28

Coach's Advice

最初の本番は、英会話レッスン初日のシーン。まず
Short Rallyで初対面の先生に簡単なあいさつをして、
次ページ「よく使う表現」で簡単な言い回しをゲッ
ト。それから「よく聞かれる質問」では、レッスンの
感想や次回のスケジュールについての質問があるの
で、自分の状況に合わせて答えてみよう。

▼ Model Replies

Hi, Adam. I'm Kei Saito[自分の名前]. Nice to meet you.

こんにちは、アダム。斉藤ケイです。はじめまして。

Sure. I'm Kei Saito[自分の名前]. Just call me Kei[呼び名].

はい。斉藤ケイです。ケイと呼んでください。

Good, thanks. And you?

おかげさまで。ありがとうございます。先生はどうですか？

Yes. I'm looking forward to our lesson.

はい。レッスン楽しみです。

▶ I'm lookng forward to... は「どうぞよろしくお願いします」の言い換え表現にもなる。

Thanks.

ありがとう。

▶「失礼します」の言い換え表現として。

I'm Kei Saito. I'm working for an IT company. This is my first English Conversation lesson so I'm very nervous. I hope I can understand your English and enjoy our lessons.

はい。斉藤ケイです。IT企業で働いています。1回目の英会話レッスンなので緊張していますが、先生の英語を理解して、レッスンを楽しみたいと思っています。

ここではレッスンなどでよく使う定番表現を日→英でトレーニングしよう。 🎧 Audio 024

よく使う表現　　　ノック ------------▶ あなたの Answer

92

（レッスンが始まる前に）
よろしくお願いします。

93

遅刻してすみません。

94

<u>IT企業</u>に勤めています。

▶ 下線部は自分の状況に合わせて言ってみよう。

95

以前は<u>食品の会社</u>に勤めていましたが、今は<u>専業主夫</u>です。

96

あなたとはとても話しやすかったです。

97

まだ話せる余裕がありません。

▶ 英会話レッスンの場合なので、まだ「英語で」話をする余裕がないということ。

98

今日のレッスンありがとうございました。

99

とても役に立ちました。

100

あっと言う間ですね。

 Knock Test Check! 🎧 Audio 025　上のトレーニングの音声は「ノック→ポーズ→回答例」の順となっていますが、このノックテストは「ノック→ポーズ」のみです。自分の回答をテンポよく答えてください。

Coach's Advice 表現力になるのは、英語を見て理解して暗記して使うことではなく、母語で言いたい表現を外国語で表現してみること。英→日の理解型学習ではなく日→英がよい。ここでは日本語を英語に言い換える練習をしよう。

▼ Model Answers

I'm looking forward to our lesson today.

I'm sorry I'm late.

I'm working for an IT company.

I used to work for a food company, but now I'm a full-time father.

▶ 「前は〜していました」は I used to... をよく使う。このフレーズを応用して、「定年退職しました」は I used to work but now I'm retired. などと言える。専業主婦は full-time mother。

I felt comfortable talking to you.

I don't feel comfortable speaking yet.

▶ comfortable は「快適」だけではなく、この文のようにいろいろな意味を持つことができる。

Thanks for today's lesson.

▶ Thank you. でもよいが、ちょっとした親切やお金を払ってしてもらったことに対しても Thanks. で OK。決してカジュアルという印象ではなく、親切にされたことに対するお礼表現。p.175参照。

It was very useful.

Time flies.

92	93	94	95	96	97	98	99	100

ここでの質問は全部 10 秒以内に 2 文以上で答えてみて。 🎧 Audio 026

よく聞かれる質問 ノック ┈┈┈┈┈┈┈➤ あなたの Reply

101 Yes. そして1文を補足して

Are you ready to begin?
始めてもよいですか？

102 No. そして1文を補足して

103

How was today's lesson?
今日のレッスンはどうでしたか？

2文で答えてください

104

What day of the week is best for you?
何曜日が一番よいですか？

2文で答えてください

105

What time is best for you on that day?
その曜日の何時が一番よいですか？

2文で答えてください

106

How long have you been studying English?
英語はどれくらい（の期間）勉強していますか？

2文で答えてください

 Knock Test
Check! 🎧 Audio 027

上のトレーニングの音声は「ノック→ポーズ→回答例」の順となっていますが、この
ノックテストは「ノック→ポーズ」のみです。自分の回答をテンポよく答えてくださ
い。

Coach's Advice 英語ができる人は、言いたいことをずばり1語の直訳ではなく、複数の文章で伝える能力がある。長い文章で言うより、そのほうが通じやすい。ここでもし余裕がない場合は、ひとことだけでもいいが、本書を通じてひとことにもう1文プラスできることを目指そう。

▼ Model Replies

Yes. I'm looking forward to your lesson.

はい。レッスン楽しみです。

No, not yet. I need to go to the bathroom. I'll be right back.

いえ、まだです。お手洗いに行ってきます。すぐ戻りますので。

It was good. I could understand everything and I felt comfortable talking to you.

よかったです。全部理解できましたし、先生とリラックスして話せました。

▶ 実はHow was...? / What do you think?は深い意見を聞きたいのではなく、軽く印象を聞きたいというイメージ。つまり「ひとことお願いします」くらいの軽さ。

Wednesdays. We almost never have over time on Wednesdays.

水曜日です。水曜日はほぼノー残業デーなので。

Around 7 pm. The earliest that I can start is 6:30. Would that be alright?

午後7時ごろです。早くても6時30分です。大丈夫そうですか？

Well, I studied in school. And I've been practicing English conversation for about five years.

学校で勉強しましたし、（自分でも）5年間ほど英会話を勉強しています。

101	102	103	104	105	106

最後に次回のレッスンの詳細を決める Long Rally をしてみよう。　　🎧 Audio 028

Long Rally 10往復　　相手の問いかけ ----------▶ あなたの Reply

107

OK. It's time to end the lesson.
はい。今日のレッスンはここまでです。

108

How was today's lesson?
今日のレッスンはどうでしたか？

109

Let's decide our schedule for next time.
次回のスケジュールを決めましょう。

110

What day of the week is best for you?
何曜日が一番よいですか？

111

What time is best for you on that day?
その曜日の何時が一番よいですか？

112

What's the second best day of the week for you?
次に都合がよいのは何曜日ですか？

113

What time is best for you on that day?
その曜日の何時が一番よいですか？

114

OK. Is it OK if I get the payment for today's lesson now?
わかりました。今日の授業料を今いただいてもよいですか？

115

OK. Thanks. Here is your receipt.
ありがとうございます。領収書です。

116

Next lesson we'll do the same amount of time at same price, OK?
次回のレッスンも同じ時間で同じ金額でやりましょう。いいですか？

 🎧 Audio 029　　上のトレーニングの音声は「ノック→ポーズ→回答例」の順となっていますが、このノックテストは「ノック→ポーズ」のみです。自分の回答をテンポよく答えてください。

34

▼ Model Replies

Already? Time flies.

もうですか？　あっと言う間でした。

▶ You're right. That was fast. 「そうですね。（時間が経つのは）早いですね」などもOK。

It was good. I could understand everything and I felt comfortable talking to you.

よかったです。全部理解できましたし、先生とリラックスして話せました。

OK. Let's.

はい。そうしましょう。

Wednesdays. We almost never have over time on Wednesdays.

水曜日です。水曜日はほぼノー残業デーなので。

Around 7 pm. The earliest that I can start is 6:30.

午後7時ごろです。早くても6時30分です。

I think Saturdays or Sundays when I don't have to work.

仕事がない土曜日か日曜日です。

Mornings between 10 and 12.

午前中で10時から12時の間です。

Sure. Here you are.

もちろん。はい、どうぞ。

Thanks.

ありがとうございます。

That sounds good. I look forward to it.

いいです。よろしくお願いします。

本番 2 友だちのフレンドと初対面

あなたの友だちに外国人の友だちを紹介されます。そこで簡単にごあいさつ。7往復のRallyにチャレンジしてください。

🎧 Audio 030

Short Rally 7 往復　相手の問いかけ　- - - - - - - - - - → あなたのReply

117

Hi. I'm Chris. I'm Hiromi's friend.
こんにちは、クリスです。ヒロミの友だちです。

118

Nice to finally meet you.
はじめまして。
（直）やっとお会いできましたね。

119

I've heard a lot about you.
あなたのことはいろいろ聞いてますよ。

120

Your English is really good.
英語が上手ですね。

121

Well, it was nice meeting you.
お会いできてよかったです。

122

See you again sometime.
では、またね。

123

B'bye.
では。

Knock Test
Check! 🎧 Audio 031

上のトレーニングの音声は「ノック→ポーズ→回答例」の順となっていますが、このノックテストは「ノック→ポーズ」のみです。自分の回答をテンポよく答えてください。

▼ Model Replies

Hi, Chris. I'm Kei Saito[自分の名前].

どうも、クリス。私は斉藤ケイです。

Nice to finally meet you too.

はじめまして。

Oh, I've heard a lot about you too.

私もあなたのことはいろいろ聞いてますよ。

Thanks. But I'm still learning.

ありがとう。でもまだ勉強中なんです。

▶ ここでNo, no, no.やVery bad.と言わない方がベター。My English is still bad.「私の英語なんてまだまだですよ」などもOK。

It was nice meeting you too.

私もお会いできてよかったです。

Yeah. See you again sometime.

ええ、またね。(直) またいつか会いましょう。

B'bye.

では。

▶ 発音は [ブバイ]。「バイバイ」は子どもっぽい。

117	118	119	120	121	122	123

では初対面の会話でよく使う定番表現を日→英でトレーニングしよう。 🎧 Audio 032

よく使う表現 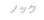 ノック -----------► あなたの Answer

124

もともとはイギリス出身ですよね？

125

前に行ったことがありますよ。

126

行ったことがないんです。

127

いつか行ってみたいです。

128

日本のどんなところが好きですか？

129

どこでふたりは知り合ったの？

130

ふたりは知り合ってどれくらい？

131

ふたりはこの後どうするの？

132 相手がカップルのときに会話をはずませる

（カップルに対して）
お似合いのカップルですね。

✓ Knock Test
Check! 🎧 Audio 033

上のトレーニングの音声は「ノック→ポーズ→回答例」の順となっていますが、この
ノックテストは「ノック→ポーズ」のみです。自分の回答をテンポよく答えてくださ
い。

Coach's Advice いきなり年齢を聞くのは御法度だが、実はいきなり Where are you from? も避けたほうがいい。よそから来たということを強調してしまうかもしれ ないので。「もともと〜出身だよね？」ならまだいい。会話の流れで出身地 や国籍の話が出れば聞いてもよいが、それまでは聞かないのがおすすめ。

▼ Model Answers

You're originally from England, right?

I've been there before.
▶ 肯定文は ever をほとんど入れないので要注意。

I've never been there.

I'd like to go there someday.

What do you like about Japan?

Where did you two meet?
▶ How did you two meet? 「どうやってふたりは知り合ったのですか？」もよく使う。

How long have you two known each other?

What are you two doing after this?

You make a good couple.

124	125	126	127	128	129	130	131	132

本番 2 友だちのフレンドと初対面

 ここでの質問は全部 10 秒以内に 2 文以上で答えてみて。

🎧 Audio 034

よく聞かれる質問

 ノック - - - - - - - - - - - - - - - → あなたの Reply

133

Where do you live now?

今どこに住んでいるのですか？

▶ 表現例：I live... / It's called... / It's about ___ minutes / It's about ___ hour from here by ____ (train / bus etc).

2文以上で答えて

134
仕事について話して

What do you do?

仕事は何をしていますか？

135
定年退職したときのことを答えて

▶ 応対表現例：I work for... / I'm working in a place called... / I help with...

136

I work for a small computer company. I help with game designs and I help with English manuals and our English web site.

私は小さなコンピューターの会社で働いています。ゲームデザインと英語のマニュアルとウェブサイトを担当しています。

感想を言ってみよう

137
Yes.＋ 関西出身だと1文以上で話して

You're originally from the Kansai area, right?

もともと関西出身でしたよね？

138
No.＋ 関西出身ではないと1文以上で話して

139

Have you ever been to California?

カリフォルニアに行ったことはありますか？

Yes. / No. ＋1文で補足して

140

Here's my card.

私の名刺をどうぞ。

「ありがとう」＋1文で感想を言って

 Knock Test

Check! 🎧 Audio 035

上のトレーニングの音声は「ノック→ポーズ→回答例」の順となっていますが、このノックテストは「ノック→ポーズ」のみです。自分の回答をテンポよく答えてください。

ひとつの問いかけに複数のパターンで返事をするよ。回答例を覚えるのではなく、自分のオリジナルを答えられるようにしよう。例えば「なんでそんなこと聞くの？」と思ったらそのまま Why do you ask?。「そんなこと聞かれたの初めて」は That's the first time anyone has asked me. で。

▼ Model Replies

I live in a city called Hama. I live near station called Kawa Station. It's about 30 minutes from here.

ハマという町に住んでいます。カワ駅に近いところに住んでいます。ここからだいたい30分くらいです。

▶ 駅や町の名前を固有名詞で伝えるのではなく、だいたいの距離と位置がわかるように説明しよう。

I work at a movie company and I help with the advertising.

映画会社で働いていて、そこで宣伝を担当しています。

I don't work anymore. I'm retired. But now I'm a full-time housewife.

もう働いていません。定年退職しました。でも今は専業主婦です。

Oh, that sounds interesting. Japanese games are really popular around the world now.

それはおもしろそうですね。今、日本のゲームは世界中で人気がありますね。

Yes. I've lived in this area all my life. But my mother and father are originally from the northern part of Japan.

はい。生まれてからずっとこの地域に住んでいます。でも母も父ももともと日本の北部の出身です。

No. Actually, I'm originally from the Kanto area. I grew up in a city called Kawasaki.

いいえ。実は関東出身なんです。川崎という町で育ちました。

Yeah. I've been to Los Angeles. I love the weather in California.

はい。ロサンゼルスに行ったことがあります。カリフォルニアの気候、大好きです。

Thanks. What a nice card!

ありがとう。素敵な名刺ですね！

▶ What a colorful card! 「カラフルな名刺ですね！」などもOK。

では 12 往復のラリーにチャレンジしてみよう！　　　🎧 Audio 036

Long Rally 12 往復　相手の問いかけ ----------▶ あなたの Reply

141　Hi. I'm Chris. I'm Hiromi's friend.
どうも、クリスです。ヒロミの友だちです。

142　Nice to finally meet you.
はじめまして。（直）やっとお会いできましたね。

143　Would you like to sit here or here?
こことこことどちらに座りたいですか？

144　OK. I'll sit here and I'll have the view. Thanks.
オッケー。じゃあここに座りますね。景色も楽しませてもらいます。ありがとう。

145　I've heard a lot about you.
あなたのことはいろいろと聞いてますよ。

146　You're originally from the Kansai area, right?
もともと関西出身でしたよね？

147　So, where do you live now?
それで、今はどこに住んでいるのですか？

148　Your English is good.
英語が上手ですね。

149　As you may know, I'm from California. Have you ever been to California?
知っているかもしれませんが、私はカリフォルニア出身なんです。カリフォルニアに行ったことはありますか？

150　Well, I miss California. But I really like living in Japan.
カリフォルニアが恋しいです。でも日本に住むのもとても好きです。

151　I like the foods and the trains and actually the salaries in Japan are pretty good.
食べ物と電車です。それから日本のお給料（労働条件）はわりといいんです。

152　Here's my card.
名刺をどうぞ。

 Knock Test
Check! 🎧 Audio 037

上のトレーニングの音声は「ノック→ポーズ→回答例」の順となっていますが、このノックテストは「ノック→ポーズ」のみです。自分の回答をテンポよく答えてください。

Coach's Advice 会話しているときの返事は「回答＋補足1文」が礼儀でもある。例えば No.146の返事にYes./No.のひとことだけだと冷たい印象を与えるか、これ以上会話をしたくないという印象を与えかねない。

▼ Model Replies

Hi, Chris. I'm Kei Saito[自分の名前].
どうも、クリス。私は斉藤ケイです。

Nice to finally meet you too.
はじめまして。

Either is fine with me.
どちらでもかまいません。

Sure. You have the view this time. Hahahaha...
どうぞ。今回は景色のよい席をどうぞ（笑）。

I've heard a lot about you too.
私もあなたのことはいろいろと聞いてますよ。

Well, I lived in Kansai for two years. But I'm originally from the northern part of Japan.
えーと、関西には2年ほど住んでいました。でももともとは日本の北部の出身です。

I live near train station called Senbondani.
千本谷という駅の近くに住んでいます。

Thanks. But I'm still learning.
ありがとう。でもまだ勉強中です。

Yeah. I've been to Los Angeles. I love the weather in California.
はい。ロサンゼルスに行ったことがあります。カリフォルニアの気候、大好きです。

Really? I wish I could live in California. What do you like about Japan?
本当に？　私はカリフォルニアに住んでみたいな。日本のどんなところが好きなんですか？

By the way, what do you do?
ところで、あなたの仕事はなんですか？

Oh. Thanks. What a colorful business card! Here's my card.
ありがとう。カラフルな名刺ですね！　私の名刺もどうぞ。

141	142	143	144	145	146	147	148	149	150	151	152

来客の先生を駅でピックアップ

 今日は大切なイベントの当日。あなたはイベントの主賓であるSmith先生を駅までお迎えに行ってください。 🎧 Audio 038

Short Rally 6 往復　相手の問いかけ ----------▶ あなたのReply

153

Ah... hello.

こんにちは。

▶ のばす感じにすると「あの～」や「もしかして……」のニュアンスが出る。

154

Yes. Are you here to pick me up?

はい。お迎えに来てくださったのですか?

155

Well, thanks for coming all the way to the station.

わざわざ駅まで来てくださってありがとう。

156

So shall we go?

では行きましょうか?

157

By the way, I'm Terry Smith.

申し遅れましたが、私はテリー・スミスと申します。

158

It's nice to meet you, Kei.

よろしくお願いします。

 Knock Test
Check! 🎧 Audio 039

上のトレーニングの音声は「ノック→ポーズ→回答例」の順となっていますが、このノックテストは「ノック→ポーズ」のみです。自分の回答をテンポよく答えてください。

▼ Model Replies

You must be Mr. Smith.
スミス先生でいらっしゃいますよね？

Yes. That's right.
はい。そうです。

Sure. No problem. It's my job.
はい。大丈夫ですよ。仕事ですから。

Yeah. Follow me.
はい。ついてきてください。

I'm Kei Saito. Just call me Kei.
私は斉藤ケイです。ケイと呼んでください。

It's nice to meet you too, Mr. Smith.
こちらこそよろしくお願いします、スミス先生。

待ち合わせ場所で待っていても先生が現れません。そこに先生から電話がかかってきます。 🎧 Audio 040

Short Rally 7 往復

 相手の問いかけ ------> あなたの Reply

159

 [リンリン]（電話に出てください）

160

📞 **This is Terry Smith.**

もしもし、テリー・スミスです。

161

You're meeting me at the train station, right?

 駅でお会いする約束でしたよね？
▶ アメリカの場合 station のみだとガソリンスタンドだと思われてしまうので、「駅」を指す場合は train station / bus station のようにしたほうがわかりやすい場合が多い。

162

📞 **I'm running late. Sorry about that.**

少し遅れているんです。すみません。

163

📞 **I'll be there in 10 or 15 minutes.**

あと10分か15分で着きます。

164

📞 **OK. I'm SO sorry about that.**

はい。本当にすみません。

165

📞 **OK. B'bye.**

はい。それでは。

 Knock Test
Check! 🎧 Audio 041　上のトレーニングの音声は「ノック→ポーズ→回答例」の順となっていますが、このノックテストは「ノック→ポーズ」のみです。自分の回答をテンポよく答えてください。

Coach's Advice

電話でも難しい言葉はいりません。必要なことをコンパクトに時間内に伝えることができるかどうかが大切。つまってしまうほうがなおNG。相手にとってつながっているのか切れているのかわからない無音の時間ができないようにしましょう。

▼ Model Replies

Hello?
もしもし。

Oh. Hello. This is Kei Saito.
どうも、こんにちは。斉藤ケイです。
▶ 電話に出るときはI'm... ではなく、「この声は〜です」の意味でThis is... を使う。

Yes. I'm here now.
はい。今（駅に）います。

That's OK. What time will you get here?
大丈夫です。何時にこちらに着きますか？

OK. I'll be here at the ticket gate when you arrive.
了解です。改札でお待ちしています。
▶ もし待っている場所がオフィスであれば、I'll be at my desk. やI'm looking forward to seeing you. もよい。I'm waiting.は催促になるのであまり使わないほうがよい。

That's OK. It's no problem.
わかりました。大丈夫です。

B'bye.
では。

人をお迎えに行く際によく使う表現を日→英でトレーニングしよう。　🎧 Audio 042

よく使う表現　　　ノック　----------▶　あなたの Answer

166

スミス先生でいらっしゃいますよね。

167

お迎えに参りました。

168

わざわざここまでお越しくださりありがとうございます。

169

申し遅れましたが<u>斉藤ケイ</u>です。

▶ 下線のところに自分の名前を入れて。

170

改札はどこかわかりますか？

171

改札で（あなたを）お待ちしています。

172

あのお荷物をお持ちします。

173

ここ、足元お気をつけください。

 Knock Test　上のトレーニングの音声は「ノック→ポーズ→回答例」の順となっていますが、この
Check! 🎧 Audio 043　ノックテストは「ノック→ポーズ」のみです。自分の回答をテンポよく答えてください。

Coach's Advice 国際コミュニケーションの経験を重ねれば重ねるほど、直訳ではなく意訳や言い換え表現の大切さを感じるはず。例えば、母語の感覚では「申し遅れましたが…」や「わざわざ〜ありがとう」と言いたくなるはず。英語にないとあきらめず下記のような自然な英語とリンクさせておきましょう。

▼ Model Answers

You must be Mr. Smith.

I'm here to pick you up.

Thank you for coming all the way here.

▶ 「来てくださりありがとう」はThanks for coming.。「わざわざ」のニュアンスを出したい場合はall the wayを足すだけ。

By the way, I'm Kei Saito.

Do you know where the ticket gate is?

I'll be at the ticket gate.

▶ ここもwaitingを使うと相手を催促する印象になるので、waitを使うのは避けましょう。

I'll carry that bag for you.

Watch your step here.

▶ 「お気をつけください」はWatch your... / Be careful of... を使うように。Take care... ではないので要注意。

| 166 | 167 | 168 | 169 | 170 | 171 | 172 | 173 |

下の4つのノックには2パターンの答え方でチャレンジしてみて。 🎧 Audio 044

よく聞かれる質問 〔ノック〕 ┈┈┈┈┈▶ あなたの Reply

I hope it doesn't rain tomorrow.
Do you know the forecast for tomorrow?

明日は雨が降らないといいのですが。
明日の天気予報をご存知ですか？

174 天気予報は わからないと 返事して

175 天気予報に ついて 説明して

 ## Where are you now?

今どちらですか？

176 駅にいる と答えて

177 向かって いる途中だ と答えて

Is it far from here?

（目的地は）ここから遠いですか？

178 遠い場合 Yes. + 1文以上

179 近い場合 No. + 1文以上

Why are you the one to pick me up?

なぜあなたが私を迎えにくることになったのですか？

▶このような質問は、きちんとした説明を求めているのではなく「ちょっとチャットしましょうよ」のサインのようなもの。もちろんまじめに答えても問題ない。

180 迎えに来た 理由を 答えて

181 前向きに ノリよく 返して

 Knock Test Check! 🎧 Audio 045　上のトレーニングの音声は「ノック→ポーズ→回答例」の順となっていますが、このノックテストは「ノック→ポーズ」のみです。自分の回答をテンポよく答えてください。

▼ Model Replies

I'm not sure. But I'll check. Just a moment.

わかりません。でも調べるのでちょっとお待ちください。

Unfortunately, it's gonna rain tomorrow.

残念ながら、明日は雨が降るそうですよ。

I'm at the train station now. It's called Senyama Station.

今駅にいます。千山駅というところです。

I'm on my way. I'll be there in five minutes.

向かっている途中です。あと5分で着きます。

Yes. It's about a 15 minute walk.
So we'll take a taxi. Follow me.

はい。徒歩15分くらいかかるので、タクシーに乗ります。こちらです。

No. It's a three minute walk from here.

いいえ。ここから徒歩3分です。

It's difficult to explain. One of my co-workers asked me to do it. And he is the coordinator of this project.

説明するのは難しいですね。ある同僚に頼まれたんです。彼はこのプロジェクトのコーディネーターなんですよ。

Maybe because my English is the worst in our group. Everyone wants me to practice. I guess I'm lucky.

きっと私の英語がグループの中でいちばんひどいからでしょうね。みんな私に練習してほしいんです。つまり、私は運がいいのでしょう。

では、ここで先生と待ち合わせてから目的地に向かうまでのLong Rallyにチャレンジしてみよう。 🎧 Audio 046

Long Rally 11 往復　　相手の問いかけ ----------▶ あなたのReply

182

（改札にスミス先生らしき人がいます。声をかけて）

183

No. You must be looking for someone else.

ちがいます。あなたが探しているのは別の人でしょう。

184

（もうひとりスミス先生らしき人がいます。声をかけて）

185

Yes. You are here to pick me up for the event, right?

はい。イベントのために迎えに来てくれたのですね。

186

Well, thanks for coming all the way to the station.

わざわざ駅まで来てくれてありがとうございます。

187

So, may I have your name?

それで、お名前を教えていただけますか？

188

Well, it's nice to meet you.

どうも、はじめまして。

189

So, shall we go?

では、行きましょうか？

190

Is it far from here?

（目的地は）ここから遠いですか？

191

I hope it doesn't rain today.

今日は雨が降らないといいのですが。

192

Do you know the forecast for today?

今日の天気予報をご存知ですか？

Knock Test Check! 🎧 Audio 047　上のトレーニングの音声は「ノック→ポーズ→回答例」の順となっていますが、このノックテストは「ノック→ポーズ」のみです。自分の回答をテンポよく答えてください。

来日中の先生にNo.190やNo.192のように聞かれて、きちんと距離や天気を伝えないといけないと堅苦しく考えないでね。おおまかに伝えて、文末にI think.をつければ大丈夫。

▼ Model Replies

Hello. You must be Mr. Smith.
あの、スミス先生でいらっしゃいますよね。

Oh. Sorry about that.
あ、すみません。

Hello. Are you Mr. Smith?
すみません。スミス先生でしょうか？

Yes. That's right. It's nice to meet you.
はい。そうです。はじめまして。

My pleasure. Thank YOU for coming all the way to Japan.
どういたしまして。はるばる日本まで来てくださってありがとうございます。

Sure. I'm Kei Saito. Just call me Kei.
はい。斉藤ケイと言います。ケイと呼んでください。

It's nice to meet you too.
はじめまして。

Yes. Please follow me.
はい。こちらです。
(直) 私についてきてください。

No. It's a three minute walk from here.
いいえ。ここから徒歩3分です。

Me too. It's been raining all week.
私もそう思います。今週はずっと雨ですね。

I'm not sure. But I'll check. Just a moment.
わかりません。でも調べるのでちょっとお待ちください。

182	183	184	185	186	187	188	189	190	191	192

突撃 本番 4 電車で突然 話しかけられる

 電車案内の定番表現を日→英で練習してから次のページの Long Rally にチャレンジしてみて。　🎧 Audio 048

よく使う表現　　ノック - - - - - - - - - - - - ▶ あなたの Answer

193

ここから5駅です。

194

次の駅で降りますよ。

195

この電車はその駅にはとまりません。

196

だから乗り換えないといけません。

197

国際公園駅という駅で乗り換えです。

198　ビルドアップでチャレンジ

次の次の駅です。

199

この次の駅ではありません。次の次の駅です。

200

この次の駅ではありません。次の次の駅です。
わかりますか？

 Knock Test Check! 🎧 Audio 049　上のトレーニングの音声は「ノック→ポーズ→回答例」の順となっていますが、このノックテストは「ノック→ポーズ」のみです。自分の回答をテンポよく答えてください。

▼ Model Answers

It's five stops from here.

You'll get off at the next station.
▶「乗る」は get on で言うことが多いが、「降りる」は get down ではないので注意。

This train doesn't stop at that station.

So you need to transfer.
▶ change でも通じるが、「乗り換え」に最もふさわしく、混乱を招かない動詞は transfer。

You transfer at the station called Kokusai Koen.

It's the station after the next station.
▶「次の次」は next next でも通じるが、the 〜 after the next 〜のほうがよい。

It's not the next station. It's the station after the next station.
▶ このように否定文で補足したり、言い換えをうまく表現するのがコミュニケーションの裏ワザ。「次の次の次」のようにふたつ以上の場合は "It's three (four, ten, etc...) stops from here." のように数を使う。

It's not the next station. It's the station after the next station. Do you understand?

あなたがいつも乗っている路線の電車に乗っていると想像してください。迷っている外国人に声をかけられます。 🎧 Audio 050

Long Rally 9 往復　　相手の問いかけ ---------▶ あなたの Reply

201

Excuse me.
すみません。

202

Do you speak English?
英語を話せますか？

203

What's the name of this train line?
この路線は何線でしょうか？

> 自分のいつも乗っている線路を答えてね

204

Is this an express train or a local train?
これは急行電車ですか、それとも各駅電車ですか？

205

What's the name of the last stop on this train line?
この路線の終点は何という駅でしょうか？

206

Yeah. I need to go to the station BEFORE that station. Does this train stop there?
なるほど。その駅のひとつ手前の駅に行きたいのです。この電車はそこにとまりますか？

207

Oh. Sorry. Would you say that one more time?
すみません。もう一度言っていただけますか？

208

I understand now. Thanks for your help.
わかりました。教えてくださって、ありがとうございました。

209

B'bye.
では。

Knock Test
Check! 🎧 Audio 051

上のトレーニングの音声は「ノック→ポーズ→回答例」の順となっていますが、このノックテストは「ノック→ポーズ」のみです。自分の回答をテンポよく答えてください。

Coach's Advice 日本語で「英語できますか？」と聞くのは失礼ではないが、多くの国々の人たちとコミュニケーションをするときには、Can you... ? ではなく、Do you speak English? が礼儀。ちなみに*p.*123で紹介するが、食べられないものを聞くときも Can you eat... ? より Do you eat... ? が無難。

▼ Model Replies

Yes?
何でしょう？

Just a little.
少しですが。

This is called the Yamakawa Line.
これはヤマカワ線です。

It's an express train.
急行電車です。

It's called Hama Bay Station.
ハマベイ駅というところです。

No. This train doesn't stop at that station. So you need to transfer.
いいえ。この電車はその駅にはとまりません。だから乗り換えないといけません。

▶「ここから○○駅」It's ○○ stops from here. (*p.*55参照)のように、駅の数を教えてあげてもよい。

Sure. This train doesn't stop at that station. So you need to transfer. You'll transfer at the next station.
はい。この電車はその駅にはとまらないので、乗り換える必要があります。次の駅で乗り換えです。

Sure. My pleasure.
いえ。どういたしまして。

B'bye.
では。

あなたの自宅の前に、道に迷っている僕がいます。ちょっと急いでいるので It's that way. をうまく使ってラリーしてみて。

🎧 Audio 052

Short Rally 6 往復

相手の問いかけ ┈┈┈┈┈┈┈➡ あなたの Reply

210

Excuse me.
すみません。

211

Which way is the nearest train station?
すみません。最寄りの駅に行くのはどちらですか？

自分の家の前にいると思って答えてね

212

OK. This way. Can I ask you one more thing?
わかりました。こちらですね。もうひとつお聞きしていいですか？

213

OK. Thanks. Which way is the nearest convenience store?
ありがとうございます。最寄りのコンビニはどちらでしょうか？

214

About how many minutes is it from here?
ここから何分くらいかかりますか？

215

OK. Thanks. B'bye.
わかりました。ありがとうございます。では。

🎧 Audio 053

上のトレーニングの音声は「ノック→ポーズ→回答例」の順となっていますが、このノックテストは「ノック→ポーズ」のみです。自分の回答をテンポよく答えてください。

▼ Model Replies

Yes?

何でしょう？

It's that way.

あちらです。

▶ 余裕があったらもう１文の補足を言ってみよう。例えば It's on your right.「右手にあります」など。ステップ・バイ・ステップで。

Sure. Go ahead.

もちろん。どうぞ。

It's that way too.

それもあちらですよ。

It's about 10 minutes from here.

ここからだと10分くらいです。

B'bye.

では。

▶ Hi. と同様に落ち着いたトーンで言う。B'bye. は初対面の人にもカジュアルすぎることはない。発音は［ブバイ］。

210	211	212	213	214	215

突撃 本番 5 街で突然道を聞かれる

道案内の定番表現を日→英で練習しよう。　　🎧 Audio 054

よく使う表現　　ノック ------------▶ あなたの Answer

216

よくわかりません。すみません。

217

駅の反対側にあります。

218

道なりに行ってください。

219

つきあたりです。
▶ ヒント：「道のつきあたりまで行ってください」ということ。

220

右手にあります。

221

案内します。ついてきてください。

222　　あなたが質問するときは……

ここから歩いてどれくらいですか？

223

何か目印になるものはありますか？

 Knock Test
Check! 🎧 Audio 055　上のトレーニングの音声は「ノック→ポーズ→回答例」の順となっていますが、このノックテストは「ノック→ポーズ」のみです。自分の回答をテンポよく答えてください。

60

Coach's Advice 突然の道案内のようなシーンでは、短いセンテンスを駆使しよう。あなたも緊張しているだろうし、相手がどの程度理解できているかを確認するのも難しい。長い文を言うよりも短い文で返したり補足をしてください。

▼ Model Answers

I'm not sure. I'm sorry about that.

It's on the other side of the train station.

Just follow this road.

You go to the end of the road.

It's on your right.

I'll show you. Follow me.

How many minutes is it from here on foot?

Are there any landmarks?

突撃 本番 5 街で突然道を聞かれる

 あなたの家の前で僕に道を聞かれていると想像して。下のノックは10秒以内に2文以上で答えてみよう。

 Audio 056

よく聞かれる質問　ノック - - - - - - - - - - →　あなたの Reply

224

Which way is the nearest train station?

最寄りの駅はどちらですか？

It's that way. +1 文以上で

225

Where is the nearest convenience store?

最寄りのコンビニはどちらですか？

It's that way. +1 文で

226

Where can I find the post office?

郵便局はどちらでしょうか？

It's that way. +1 文以上で

227

I'm looking for a bank.

銀行を探しているのですが。

It's that way. +1 文以上で

228

I need to exchange dollars for Japanese yen.
Can I exchange money at that bank?

ドルを日本円に両替したいのです。その銀行で両替できますか？

229

Are there any landmarks near the bank?

その銀行の近くには何か目印はありますか？

 Knock Test
Check! Audio 057

上のトレーニングの音声は「ノック→ポーズ→回答例」の順となっていますが、このノックテストは「ノック→ポーズ」のみです。自分の回答をテンポよく答えてください。

▼ Model Replies

It's that way. It's on your right.
あちらです。右手にあります。

It's that way. You go to the end of the street and turn right.
あちらです。道のつきあたりまで行って、右手に曲がってください。

It's that way. You go straight and the road curves to the left. It's on your left.
あちらです。まっすぐ行くと道が左にカーブします。その左手です。

It's that way. It's about 10 minutes from here. It's on the other side of the train station.
あちらです。ここから10分くらいです。駅の反対側ですよ。

I'm not sure. Sorry about that.
わかりません。すみません。
▶ 確信の度合いによってはI think so. / I don't think so. も使える。

You'll see a big bus stop. The bank is next to the bus stop.
大きなバス停があります。銀行はバス停の隣です。
▶ 「バスロータリー」はそのまま英語にしても通じないので、big bus stopなどと言うほうがよい。

では、12往復のラリーで僕に道順を教えて。 🎧 Audio 058

Long Rally 12 往復

相手の問いかけ ------------▶ あなたの Reply

230

Excuse me.
すみません。

231

Which way is the nearest train station?
最寄りの駅はどちらですか？

232

I'm looking for a bank. Is there a bank near the station?
銀行を探しています。駅の近くに銀行はあるでしょうか？

233

Sorry? What's the name of the train station, again?
すみません。駅の名前をもう一度お願いします。

234

Can we exchange Euros for Japanese money at that bank?
その銀行でユーロを日本円に両替できるでしょうか？

235

And how many minutes is it on foot from here?
ここから歩いて何分くらいかかりますか？

236

Do you know the name of that bank?
銀行の名前はわかりますか？

237

What color is the building or the sign?
建物やサインは何色でしょうか？

238

Are there any landmarks near the bank?
銀行の近くに目印はありますか？

239

OK. Thank you so much.
わかりました。ありがとうございます。

240

As we say in Spanish, Muchas gracias.
スペイン語ではムーチャス グラシアスと言うんですよ。

241

Yes. I'm visiting Japan from Barcelona, Spain.
ええ。スペインのバルセロナから日本に来ています。

 Knock Test
Check! 🎧 Audio 059

上のトレーニングの音声は「ノック→ポーズ→回答例」の順となっていますが、このノックテストは「ノック→ポーズ」のみです。自分の回答をテンポよく答えてください。

英語で道案内をすることに慣れている人なら、教科書にあるようなひとつ
ずつの順序を簡潔にステップ・バイ・ステップで伝えられるかもしれません
が、多くの人は一気に伝えようとしてつまってしまうので、やっぱり It's
that way. からスタートしてコミュニケーションをとりながら案内しよう。

▼ Model Replies

Yes?
何でしょう？

It's that way.
あちらです。

Yeah. It's that way. It's on the other side of the train station.
ええ。あちらです。駅の反対側にありますよ。

It's called Yamakawa Station.
ヤマカワ駅と言います。

I'm not sure. Sorry about that.
わかりません。すみません。

About ten minutes.
10分くらいです。

Yeah. It's called Yamakawa Bank.
ええ。ヤマカワ銀行です。

There's a big blue and white sign in the front of the bank. But the writing is in Japanese.
大きな青と白の看板が銀行の正面にあります。でも文字は日本語です。

It's next to a fast-food restaurant called Green Burger. It has a big green sign.
グリーンバーガーというファストフード店の隣にあります。そこには大きな緑の看板があります。

Sure. My pleasure.
いいえ。どういたしまして。

Oh, you're Spanish.
スペイン人なのですね。

Well, welcome to Japan. And have a nice stay.
ようこそ日本へ。滞在を楽しんでください。

発音ノック ▶▶▶ 2ビート

 ようこそ Speed Challenge へ。ここは気分転換のつもりでノックにテンポよく答えてみて。最初は 2 ビートの発音ノックから。2 ビートというのは音節が2拍というようなこと。ではさっそくチャレンジ。

🎧 Audio 060

ノック	回答例
242 サンドイッチ	**Sandwich.**
243 スターバックス	**Starbucks.**
244 ピープル	**People.**
245 ラストナイト	**Last night.**
246 オールライト	**Alright.**
247 テイクケア	**Take care.**
248 グッドナイト	**Good night.**
249 ニューヨーク	**New York.**
250 ベースボール	**Baseball.**
251 グッドラック	**Good luck.**

➡ 最後に……シャッフルノック（少しテンポも早くなるよ）

Speed Challenge 2

発音ノック ▶▶▶ 3ビート

 では、続けて3ビートの発音ノック。最後のシャッフルまで頑張って。　🎧 Audio 062

ノック	Answer
252 お元気ですか？	**How are you?**
253 後ほど。	**See you soon.**
254 おはようございます。	**Good morning.**
255 ブラックでいいです。	**Black is fine.**
256 はい、どうぞ。	**Here you are.**
257 あれは私のではありません。	**That's not mine.**
258 私のカバンは茶色です。	**My bag's brown.**
259 これは私のですか？	**Is this mine?**
260 私の部屋はどこですか？	**Where's my room?**
261 問題ありませんよ。	**No problem.**

➡ 最後に……シャッフルノック（少しテンポも早くなるよ）

☑ **Knock Test**
Check!
🎧 Audio 063

252	253	254	255	256	257	258	259	260	261

テンポトレーニング ▶▶▶▶ サンドイッチの注文

このノックはテンポよく答えることが大切。次の問いに答えてお好みのサンドイッチをオーダーしよう。余裕がなければ Yes. / No. で。余裕があれば自分なりの短い答えかたで。

> ノック　　　　　　　　　　　　回答例　　🎧 Audio 064

262
Ham?
ハムですか？

※ Yes. / No. / No, thanks.

263
Chicken?
チキンですか？

※ Yes. / No. / No, thanks.

264
Barbecue sauce?
バーベキューソースは入れますか？

※ Yes. / No. / Just a little. / No, thanks.

265
Extra cheese?
チーズは追加しますか？

※ Yes. / No. / Just a little. / No, thanks.

266
Lettuce?
レタスは入れますか？

※ Yes. / No. / Just a little. / No, thanks.

267
Onions?
玉ねぎは入れますか？

※ Yes. / No. / Just a little. / No, thanks.

268
Tomatoes?
トマトは入れますか？

※ Yes. / No. / Just a little. / No, thanks.

269
Olives?
オリーブは入れますか？

※ Yes. / No. / Just a little. / No, thanks.

270
Pickles?
ピクルスは入れますか？

※ Yes. / No. / Just a little. / No, thanks.

271
For here or to go?
ここで召し上がりますか、テイクアウトですか？

※ For here. / To go.

➡ 最後に……シャッフルノック（少しテンポも早くなるよ）

✅ **Knock Test**
Check!
🎧 Audio 065

262	263	264	265	266	267	268	269	270	271

Chapter
3

一緒に時間を過ごす
本番

Deeper
Encounters

基礎準備 **あいさつとお礼の定番表現** (→ p.70)

本番6 **ゲストを招く ── 自宅編** (→ p.74)

本番7 **ゲストとして訪問する ── 友だちの家編** (→ p.82)

本番8 **ゲストを出迎える ── ビジネス編** (→ p.92)

本番9 **ゲストとして訪問する ── ビジネス編** (→ p.102)

本番10 **街を観光案内 ── 日本的なものを説明する** (→ p.112)

本番11 **親密なおつき合い ── デート** (→ p.120)

Speed Challenge (→ p.128)

あいさつとお礼の定番表現

Unit 1 2回目以降に会うときの定番あいさつ 日→英
Nice to see you again.

Coach's Advice 再会のあいさつは出会いがしらも別れるときもNice to see you.をうまく使おう。文末にagainをつけることもポイント。

🎧 **Audio 066** ┊ ノック ┊ V しおり ┊ Reply

272 2回目以降に会ったときの定番あいさつは？
（直）また会えてうれしいです。
➡ **Nice to see you again.**

273 ノックNo. 272の丁寧版は？
➡ **It's nice to see you again.**

274 別れ際には……
別れ際の定番あいさつは？
（直）また会えてよかったです。
➡ **Nice seeing you again.**
▶ p.22で学習したように初対面のときはNice meeting you.で、2回目以降はこちらを使う。別れ際はingがポイント。

275 ノックNo. 274の丁寧版は？
➡ **It was nice seeing you again.**

276 **Quick Rally** 学習した表現を使ってみよう。

Hi. ➡ (Hi.) ➡ **Nice to see you again.** ➡ (Nice to see you again too.)
How have you been? ➡ (Good.+1文+How about you?) ➡ **Good, thanks.**

☑ **Knock Test** 🎧 Audio 067

272	273	274	275	276

ノックテストは「問いかけ→ポーズ」のみの音声です。
自分の回答をテンポよく答えてください。

Unit **2** Long time no see. 以外の 「久しぶり」をマスター

Coach's Advice 久しぶりのあいさつでは現在完了形が欠かせない。ここで助動詞have とbeenの使い方をマスターしよう。

🎧 Audio 068　　　　ノック　　　　▼しおり　　　　Reply

277

ご無沙汰しております。
（しばらくぶりですね）

➡ **It's been a while.**
▶久しぶりの期間がとても長い場合はIt's been a long time. 「お久しぶりです」で。

278

2週間ぶりですね。

➡ **It's been two weeks.**

279

2年ぶりですね。

➡ **It's been two years.**

280

どれくらいぶりだろう？

➡ **How long has it been?**

281

お元気でしたか？

➡ **How have you been?**

282

お久しぶり、ですよね。

➡ **It's been a while, hasn't it?**

283

最後にお会いしたのは去年ですよ
ね。

➡ **The last time we met was last year, right?**

284

最後に会ったのはいつでしたっけ？

➡ **When was the last time we met?**

✓ **Knock Test** 277 ┊ 278 ┊ 279 ┊ 280 ┊ 281 ┊ 282 ┊ 283 ┊ 284
Check!
🎧 Audio 069

Coach's Advice 前半では人を紹介するときはThis is...の単数形と複数形、そして、名前を入れて紹介する方法を覚えよう。後半では紹介した人同士をつなげるフレーズをマスターしよう。

Audio 070　ノック　しおり　Answer

285

母です。そして父です。

→ **This is my mom and this is my dad.**

286

息子のケンです。

→ **This is my son Ken.**

287

（複数形で）
娘のナオミとエリカです。

→ **These are my daughters, Naomi and Erica.**

▶紹介の基本順番はまず肩書き、そして名前だが、逆に言っても大きな間違いではない。

288

同僚の佐藤と加藤です。

→ **These are my co-workers, Mr. Sato and Mr. Kato.**

▶同じ会社の身内でもMr. / Ms.は必要。

289

ふたりはお会いしたことあります？

→ **Have you met?**

▶フォーマルな言い方だとHave you been introduced?「（ふたりは）紹介されましたか？」。このときのyouは複数形。

290

まだお会いしたことはないと思うんですけど。

→ **I don't think we've met yet.**

▶これに続いてBy the way, I'm Kei Sato.「申し遅れましたが、斉藤ケイです」などと言えるとよい。

291

あなたのことはよく聞いてます。

→ **I've heard a lot about you.**

292

（紹介したふたりに向かって）
ふたりは話が合うと思いますよ。
（直）ふたりには共通点がたくさんあります。

→ **You two have a lot in common.**

Knock Test
Check! 285　286　287　288　289　290　291　292
Audio 071

72

Unit 4 Thank you. と言われた時に返す フレーズセット 日→英

Coach's Advice ものをいただいたり、なにかをしてもらったときに Thank you. と言われたら You're welcome. ばかりだと恩着せがましいときもあるので、このユニットのなかのフレーズを使ってうまく応対できるようになろう。

🎧 Audio 072

| | ノック | ▼しおり | Answer |

お礼を言われて……

293
(Thank you. と言われて)
いいえ、こちらこそ。 ➡ **No. Thank YOU.**

294
(してくれたことに対して)
いえいえ。 ➡ **Sure.**

295
よろこんで。 ➡ **My pleasure.**

296
(わざわざ)
そんなのいいですよ。 ➡ **Don't mention it.**

297
大丈夫。 ➡ **No problem.**
▶ Anytime. 「いつでもどうぞ」などもお礼を言われたときの返事として使う。

298 **Quick Rally**

Hi. ➡ (Hi.) ➡ **Is this your family?** ➡ (This is... を使って自分なりに答えて) ➡

Thanks for coming today! ➡ (Thanks for inviting us.)

299
今日はいろいろありがとうございます。 | **Thank you for everything today.**

300
わざわざここまで来てくれてありがとうございます。 | **Thank you for coming all the way here.**

✓ **Knock Test** Check! | 293 | 294 | 295 | 296 | 297 | 298 | 299 | 300
🎧 Audio 073

友人のベンジャミンがあなたの自宅に遊びに来ました。玄関で出迎えましょう。 🎧 Audio 074

Short Rally 6 往復　相手の問いかけ ----------→ あなたのReply

301

Hello? Is anyone home?

こんにちは。どなたかいらっしゃいますか？

302

Yes. Hi, there.

そうです。こんにちは。

303

Thanks. What a nice home you have!

ありがとう。素敵な家ですね。

304

Well, thank you for inviting me today.

今日はお招きありがとう。

305

Where should I put my shoes?

靴はどこに置いたらいいですか？

306

How about my coat?

コートは？

 Knock Test　上のトレーニングの音声は「ノック→ポーズ→回答例」の順となっていますが、この
Check!　🎧 Audio 075　ノックテストは「ノック→ポーズ」のみです。自分の回答をテンポよく答えてください。

▼ Model Replies

Benjamin[ゲストの名前], is that you?

ベンジャミン？　あなたですか？

▶相手を知っている場合は Is that you?。相手を知らない場合は Who is it? がよい。

Hi, there. Please, come in.

こんにちは。どうぞお入りください。

▶ この Hi, there. は「あ、どうも」のようなニュアンスだが、日本語ほどくだけた印象ではない。

Oh, thanks. I'm glad you like it.

ありがとう。気に入ってくれてうれしいです。

My pleasure.

どういたしまして。

（直）よろこんで。

Right there is fine.

そこでいいですよ。

▶ You can put them here.「ここに置いておいて平気です」などもOK。正解はひとつではない。

I'll take it for you.

お預かりします。

ゲストを自宅に招いた際の気配り表現を日→英でトレーニングしよう。 🎧 Audio 076

よく使う表現　　ノック　--------------▶　あなたの Answer

307

どうぞ、お入りください。

308

コートをお預かりします。

309

何をお飲みになりますか？

310

紅茶かコーヒーがあります。

311

ちょっと待ってね。

312

見つけるのは難しくなかったですか？

313

（何かをほめられたり、気に入ってもらえたときに）
気に入ってもらえてうれしいです。

314

気に入ってもらえるとよいのですが。

✓ **Knock Test**　Check! 🎧 Audio 077　上のトレーニングの音声は「ノック→ポーズ→回答例」の順となっていますが、この
ノックテストは「ノック→ポーズ」のみです。自分の回答をテンポよく答えてください。

Coach's Advice 飲み物を聞く定番表現は What would you like to drink? だが、その後に Well, what do you have? と聞かれたり、あるいはこちらで用意していないものを言われることもたまにあるので、最初から No.310 のように We have tea and coffee? などと聞くとスムーズかも。

▼ Model Answers

Please, come in.

I'll take your coat.

What would you like to drink?

We have tea or coffee.

Just a sec.
▶ sec は second の略。moment や minute を使うとより丁寧だが、待つ時間が長い印象が感じられるかも。

Was it difficult to find?

I'm glad you like it.

I hope you like it.

307	308	309	310	311	312	313	314

本番 6 ゲストを招く──自宅編

 あなたの自宅を思い浮かべて、フレンドが自宅に遊びに来たときの応対をトレーニングしよう。

🎧 Audio 078

よく聞かれる質問

ノック - - - - - - - - - - - - - - - → あなたの Reply

315

ありがとう
+1文で
素直に家をほめる

What a nice home you have!
素敵な家ですね。

316

ありがとう
+謙遜の
1文で

317

I like this table. Was it made in Japan?
このテーブルいいですね。日本製ですか？

Yes. / No. ＋1文で補足して

318

Tell me about the view from this window.
この窓からの景色について教えてください。

2文以上で

319

How do you like this neighborhood?
ご近所はどんな感じですか？

2文以上で

320

How long have you lived here?
ここに住んでどれくらいですか？

2文以上で

 Knock Test
Check! 🎧 Audio 079

上のトレーニングの音声は「ノック→ポーズ→回答例」の順となっていますが、このノックテストは「ノック→ポーズ」のみです。自分の回答をテンポよく答えてください。

ゲストによく聞かれる質問を考えるのは難しかったです。どんなにリサーチしても、訪問者ごとに違う質問をするので。ということで、ここにはよくあるものを選びましたが、「絶対聞かれる」質問の準備ではないので、思いがけない質問にも2文以上で何らかの回答ができるようにしてください。

▼ Model Replies

Thanks. My husband and I love this house. And I'm glad you like it.

ありがとう。主人も私もこの家が大好きなんです。あなたにも気に入ってもらえてうれしいです。

Thanks. It's pretty old though.

ありがとう。結構古いんだけどね。

▶ 他の回答例：It's pretty messy though. 「結構ごちゃごちゃしてるんだけどね」 / It's pretty small though. 「結構狭いんだけどね」

Yeah. I think so. I got it at a Japanese furniture store. But it might be made in China.

はい。そうだと思います。日本の家具屋で買いましたから。でももしかすると中国製かもしれません。

▶ 他の回答例：Actually, it's Italian. My wife got it last year. 「実はイタリア製なんです。妻が去年入手しました」

It's not that special. But in the winter you can see Mount Fuji. If it's a clear day.

そんなにすごいものじゃないですよ。でも冬は富士山が見えます。空が晴れていれば。

▶ 見えるものについて Can you see the square building? 「四角いビルが見えますか？」などと質問してキャッチボールをしてもよい。

Well, it's a good place to raise children. But it's a little far from the station. It's about a 20 minute walk.

子どもを育てるのによい場所ですよ。駅からちょっと遠いんですけど。徒歩で20分かかります。

▶ 他の回答例：Well, it's changed a lot. 「とても変わったんですよ」

About ten years. I really like this quiet residential neighborhood.

10年ぐらいです。近所は閑静な住宅街で気に入っています。

| 315 | 316 | 317 | 318 | 319 | 320 |

ベンジャミンを玄関からリビングへ案内しましょう。私が途中でいくつか指示をしますので、おもてなしの応対をしてください。　🎧 Audio 080

Long Rally 12往復　　相手の問いかけ ------------▶ あなたのReply

321
Hello? Is anyone home?
こんにちは。どなたかいらっしゃいますか？

322
Yes. Hi, there.
そうです。こんにちは。

323
Thanks. What a nice home you have!
ありがとう。素敵な家ですね。

324
Well, thank you for inviting me today.
今日はお招きありがとう。

325
Where should I put my shoes?
靴はどこに置いたらいいですか？

326
OK. Great.
どうも。

> 「中へどうぞ」と言って

327
Thank you.
ありがとう。

> イスをすすめて

328
Thanks.
どうも。

> 飲みものを聞いて

329
What do you have?
何がありますか？

330
Actually, I'll just have water. Is that OK?
やっぱりお水にします。大丈夫ですか？

331
Thanks. Here's a little something for you.
ありがとう。これ、つまらないものですが。

332
Do you like brownies?
ブラウニーは好きですか？

 Knock Test Check1 🎧 Audio 081　上のトレーニングの音声は「ノック→ポーズ→回答例」の順となっていますが、このノックテストは「ノック→ポーズ」のみです。自分の回答をテンポよく答えてください。

▼ Model Replies

Benjamin[ゲストの名前]**, is that you?**
ベンジャミン？　あなたですか？

Hi, there. Welcome to my home.
こんにちは。ようこそ来てくださいました。

Oh, thanks. I'm glad you like it.
ありがとう。気に入ってくれてうれしいです。

My pleasure.
どういたしまして。
（直）よろこんで。

Right there is fine.
そこでいいですよ。

Please, come in.
どうぞお入りください。

Have a seat.
どうぞ、お座りください。

What would you like to drink?
何が飲みたいですか？

We have tea or coffee or green tea.
紅茶、コーヒー、それから緑茶もありますよ。

Yeah, sure. Just a sec.
ええ、もちろん。ちょっとお待ちくださいね。

Oh, you didn't have to bring anything.
何も持ってこなくていいのに。

Yeah, my husband loves brownies. Let's have them with some ice cream.
はい。主人がブラウニー大好きなんです。アイスクリームを添えていただきましょう。

本番 7 ゲストとして訪問する
——友だちの家編

 友だちである僕の自宅にあなたが到着しました。あなたがインターホンを押すところから始まります。ピンポーン。　🎧 Audio 082

Short Rally 6往復　[相手の問いかけ] ------→ [あなたのReply]

333

Who is it?
どちら様ですか？

334

Oh. Come in.
こんにちは。お入りください。

335

I'm so glad you came.
よく来てくださいました。
（直）来てくれてうれしいです。

336

I'll take your coat for you.
コートを預かりますね。

337

So, have a seat on the sofa.
では、ソファに座って。

338

What would you like to drink?
何を飲みますか？

 🎧 Audio 083　上のトレーニングの音声は「ノック→ポーズ→回答例」の順となっていますが、このノックテストは「ノック→ポーズ」のみです。自分の回答をテンポよく答えてください。

▼ Model Replies

Hi. It's Kei.

こんにちは。ケイです。

▶ I'm+[名前]ではなく、インターホンや電話のときは「この声は〜です」の意味でIt's... / This is...を使おう。また電話の場合に、This is Kei calling.のように最後にcallingはつけないように。

Thanks.

ありがとう。

▶ 相手の名前がわかるときはThanks.の後に相手の名前をプラスして。例えばThanks, Francia.など。

Well, thanks for inviting me.

お招きをありがとう。

Oh, thanks. Here you are.

ありがとう。では、これ。

Thanks. What a nice home you have!

失礼します。素敵な家ですね。

▶ 相手の家を褒めるひとことをプラスして返すとGood。

Anything is fine. What do you have?

何でも大丈夫です。何がありますか？

さて、そろそろ帰らないといけない時間です。おいとまの準備をしましょう。 Audio 084

Short Rally **6** 往復 相手の問いかけ ‐‐‐‐‐‐‐‐‐‐‐▶ あなたのReply

339

Oh. You have to go already?

もう行かないといけないの？

340

Well, I'll get your stuff.

じゃあ、あなたの荷物を持ってきますね。

▶ このstuffは日本語の「スタッフ」という意味ではなく「荷物」の意味。

341

And here's your coat.

コートをどうぞ。

342

Are you taking the train or driving?

電車ですか？　それとも運転ですか？

343

Well, it's getting dark. So be careful.

そろそろ暗くなってきたので、気をつけてくださいね。

344

Well, it was great seeing you.

では、あなたに会えてとてもうれしかったです。

 Knock Test Check! Audio 085　上のトレーニングの音声は「ノック→ポーズ→回答例」の順となっていますが、このノックテストは「ノック→ポーズ」のみです。自分の回答をテンポよく答えてください。

Coach's Advice このチャプターは「一緒に長い時間を過ごす」本番だけれど、長時間にわたる会話を網羅することは、どんな本にでも不可能。しかし始まりと別れ際の会話はどんな訪問にもあるはずなので、自分の得意な表現をいくつかゲットして会話力を身につけよう。

▼ Model Replies

Yes. I wish I could stay longer.
ええ。もっといたいけれど。

Thank you so much.
ありがとうございます。

Thanks.
ありがとう。

I'm taking the train. So I'm going to Senbondani Station.
電車です。ですので千本谷駅まで行きます。

Oh. Thanks for your concern. I'll be OK.
ご心配ありがとう。大丈夫だと思います。

It was great seeing you too. Thank you so much for your hospitality.
こちらこそ。おもてなしをありがとう。

| 339 | 340 | 341 | 342 | 343 | 344 |

ゲストとしてのふるまい便利表現を日→英でトレーニングしよう。　🎧 Audio 086

よく使う表現　［ノック］ ┈┈┈┈┈▶ あなたの Answer

345　約束の時間に遅れてしまったときのあやまりかた

遅れてすみません。

346

渋滞がありました。

347

（いろいろな電車トラブルを包括的に言うときは）
電車にみだれがありまして。

348　部屋に入るときに

おじゃまします。／失礼します。

349

今日はお時間をありがとうございます。

350　部屋に入ったときの褒め言葉

（どうぞお入りくださいと言われて）
居心地のよさそうなマンションですね。

351

このテーブル素敵ですね。日本製ですか？

352

ここにはどれくらい住んでいますか？

 Knock Test　🎧 Audio 087　　上のトレーニングの音声は「ノック→ポーズ→回答例」の順となっていますが、この ノックテストは「ノック→ポーズ」のみです。自分の回答をテンポよく答えてくださ い。

Coach's Advice 遅れてしまったときの基本は「I'm sorry.＋主語＋動詞」。遅れた理由を述べるのにI'm sorry to be late for... は混乱しやすいので、「主語＋動詞」で述べるとよい。理由を述べるときはThere was/were...が便利。

▼ Model Answers

I'm sorry. I'm late.

▶ I'm sorry for... やI'm sorry to... と続けて言うより、まず最初にひとことでこれを言うとよい。強調したい場合はI'm SO sorry. のようにsoを入れる。

There was a traffic jam.

▶ 英語では、遅刻したらその理由を説明する必要がある。説明するときはThere was/where...で。

There was a problem with my train line.

Thanks for inviting me.

▶ 日本語の「おじゃまします」の感覚で、招いてくれた人と対面したときや部屋にあがるときのあいさつとしてよく使う。これは自然な言い換え表現。

Thanks for your time today.

What a cozy apartment you have!

▶ cozyは「狭い」という意味ではなく、「居心地のよい、くつろぎやすい」という意味。日本語の感覚では「こじんまりした」とも言える。

I like this table. Was it made in Japan?

▶ This is a nice table. などとも言える。

How long have you lived here?

345	346	347	348	349	350	351	352

本番 7 ゲストとして訪問する──友だちの家編

 ここでのノックにはすべて2文以上で答えてみよう。ポーズの間に基礎的なことばを使って言いたいことを全部言えるように頑張って。 🎧 Audio 088

よく聞かれる質問　　ノック　－－－－－－－－▶　あなたのReply

友だちとトーク

353

最近の状況について2文以上で

What have you been doing recently?
最近はどうしていますか？

354
いつもどおりを2文以上で

355

家族の特定の1名について2文以上で

How's your family?
家族はどうされていますか？

356
家族全体について2文以上で

357

Yes.+1文で補足

Was my house hard to find?
うちに来るのは難しかったですか？

358
No.+1分で補足

359

なんでもOK

What would you like to drink?
飲み物は何がいいですか？

360
ズバリほしい飲み物をリクエスト

 Knock Test Check! 🎧 Audio 089　上のトレーニングの音声は「ノック→ポーズ→回答例」の順となっていますが、このノックテストは「ノック→ポーズ」のみです。自分の回答をテンポよく答えてください。

Coach's Advice 「日本人は自分で回答を考えるのが苦手」と聞いて、回答が決まっている
ものばかりのドリルを作ることもできたのですが、実際の会話は自分で
考えて答えないと成立しない。だからぜひ、最近の事、家族のことなど
について、自分で考えて回答を作る練習をしてみよう。

▼ Model Replies

I've been busy. This time of the year is one of the busiest for me. I need a vacation. Hahahaha....

ずっと忙しくしてます。毎年この時期はいちばん忙しいんですよ。バケーションが必要ですね（笑）。

Not much. It's been a typical month for me. How about you?

いつもどおりです。いつもと同じ平穏な月です。あなたは？

My sister had a baby. And I've been helping her. Would you like to see a picture?

妹（姉）に赤ちゃんが生まれました。それで彼女の手伝いをしています。写真を見たいですか？

Everyone is fine. My husband is working hard and my kids are enjoying school. How's your family?

みんな元気ですよ。主人は忙しく働いていますし、子どもたちは学校で楽しくやっています。あなたのご家族は？

Yes. Actually, I got lost near the convenience store.

はい。実はコンビニの近くで道に迷ってしまいまして。

No. Your directions were excellent.

いいえ。教えてくださった道順はとてもわかりやすかったです。

Anything is fine. What do you have?

なんでもいいですよ。何がありますか？

▶「あるものでいいですよ」と言うときは Whatever you have is fine with me. で。

A cup of coffee would be nice, if you have some.

コーヒーがいいです。もしあれば。

| 353 | 354 | 355 | 356 | 357 | 358 | 359 | 360 |

本番 7 ゲストとして訪問する──友だちの家編

 あなたが友だちの自宅のインターホンを押すところから始まります。ピンポーン。 🎧 Audio 090

Long Rally 12 往復

相手の問いかけ ┈┈┈┈┈┈┈┈┈┈▶ あなたの Reply

361
Who is it?
どちら様ですか？

362
Hi. Come in. I'm so glad you came.
こんにちは。どうぞ中へ。よく来てくださいました。

363
I'll take your coat for you.
コートを預かります。

364
So, have a seat on the sofa.
ソファに座って。

365
I'm sorry my place is so messy.
とても散らかっていてごめんなさい。

366
Was my house hard to find?
うちに来るのは難しかったですか？

367
What would you like to drink?
飲み物は何にしますか？

368
Well, I'm having wine. Would you like some?
ワインを飲んでいるんだけど、少しいかがですか？

369
OK. I'll be back with your drink.
わかりました。飲み物を持ってきますね。

370
Here you are.
はい、どうぞ。

371
（カンパイで）**Here's to Japan.**
日本に。

372
What have you been doing recently?
最近はどうしていますか？

 Knock Test
Check! 🎧 Audio 091
　　上のトレーニングの音声は「ノック→ポーズ→回答例」の順となっていますが、このノックテストは「ノック→ポーズ」のみです。自分の回答をテンポよく答えてください。

では、歓迎してから乾杯、次に最近の様子に至るまでの会話を、自力で完成させてください。それぞれの問いかけはいろんな回答ができるようにデザインされています。Chat in your own words!

▼ Model Replies

Hi. It's Kei.
こんにちは。ケイです。

Well, thanks for inviting me.
お招きありがとう。

Oh, thanks. Here you are.
ありがとう。では、これ。

Thanks. What a nice home you have!
ありがとう。素敵な家ですね。

It's not that messy. Especially compared to my place.
そんなに散らかってないですよ。特に私の家と比べたら。

No. Your directions were excellent.
いいえ。教えてくださった道順はとてもわかりやすかったです。

Anything is fine. What do you have?
なんでも大丈夫です。何がありますか？

Yes, please. That sounds good.
はい、ぜひ。いただきます。

OK. Thanks a lot.
わかりました。ありがとうございます。

Thanks.
ありがとう。

Here's to Japan.
日本に。

Not much. It's been a typical month for me. How about you?
いつもどおりです。いつもと同じ平穏な月です。あなたは？

361	362	363	364	365	366	367	368	369	370	371	372

91

本番 **8**

ゲストを出迎える
──ビジネス編

 ゲストを出迎えて軽いチャットをしてからミーティングを始めよう。　🎧 Audio 092

Short Rally 6 往復　相手の問いかけ　--------→　あなたのReply

373

Oh. Hi, there.
どうも。

374

Yeah. It's been a while, hasn't it?
ええ。お久しぶりですよね。

375

It's a nice day, isn't it?
いい天気ですね。

376

So shall we go to the meeting?
では、ミーティングに行きましょうか？

では、ミーティングルームへ

377

（部屋に入ってみんなと合流）
Oh. Hi, everyone. Thank you for your time today.
みなさん、こんにちは。失礼します。
（直）今日はお時間をありがとうございます。

378

So, please introduce us.
では、みなさんを紹介してくれますか？

同僚に紹介して。

 Knock Test
Check!　🎧 Audio 093　上のトレーニングの音声は「ノック→ポーズ→回答例」の順となっていますが、このノックテストは「ノック→ポーズ」のみです。自分の回答をテンポよく答えてください。

92

▼ Model Replies

Hi. It's nice to see you again.

こんにちは。（会ったことのある人に）またお会いできてうれしいです。／お世話になっております。

▶ niceの代わりにgreat/wonderfulを使うとおもてなし度アップ。

Yeah. It's been a while.

ええ。久しぶりですね。

Yeah. I'm glad it didn't rain today.

はい。雨が降らなくてよかったです。

Yes. The elevators are over here.

はい。エレベーターはこちらです。

Well, thank you for coming all the way here.

いいえ。わざわざお越しくださいましてありがとうございます。

This is Mr. Sakamoto. He works in my department.

こちらが坂本です。彼は私と同じ部署で働いています。

373	374	375	376	377	378

本番 8 ゲストを出迎える──ビジネス編

 では、ミーティングのエンディングも練習しよう。途中で来月のスケジュールを聞くノックを投げるよ。　🎧 Audio 094

Short Rally 6 往復　　相手の問いかけ ┄┄┄┄┄┄┄┄┄► あなたの Reply

379

So shall we finish up?

では、そろそろ終わりにしましょうか？

380

I think we had a very productive meeting.

とても充実したミーティングができましたね。

381

When should we meet next?

次はいつにしましょうか？

382

How's your schedule at the beginning of next month?

来月のあたまのスケジュールはどうですか？

383

Well I'll send you an email and we can decide the date by email.

では、メールを送りますのでメールで日程を決めましょう。

384

Thank you so much for coming all the way here today.

今日はここまでご足労いただきありがとうございました。

 Knock Test 　上のトレーニングの音声は「ノック→ポーズ→回答例」の順となっていますが、このCheck! 🎧 Audio 095　ノックテストは「ノック→ポーズ」のみです。自分の回答をテンポよく答えてください。

▼ Model Replies

Yes. Time flies.
ええ。あっと言う間でしたね。

Me too. Thanks for all your ideas.
私もそう思います。いろいろなアイデアをありがとうございました。

I'm not sure. What do you think?
まだはっきりしません。どうしたらいいでしょう?

▶ 具体的な日がわかる場合は I'm free + [日付、曜日など]. で答えてもOK。

Well, I'm free on Wednesdays and Fridays in the afternoon.
ええと、水曜日と金曜日の午後は空いています。

That's an excellent idea.
それがいいですね。

No. Thank YOU for your time today.
いいえ、こちらこそ今日はお時間をありがとうございました。

379	380	381	382	383	384

ビジネスシーンで丁寧に人と接する便利表現を日→英でトレーニングしよう。　🎧 Audio 096

よく使う表現　　ノック　------------▶　あなたの Answer

385

2回目以降に会ったときの定番あいさつを丁寧に。
（直）またお会いできてうれしいです。

386

いい天気ですね。

387

今日はわざわざここまでお越しくださいましてありがとうございます。

388

わざわざそれをここまでお持ちくださり、ありがとうございます。

389

そろそろ、始めましょうか？

390

そろそろ、終わりにしましょうか？

391

先週はいろいろとありがとうございました。

392

このあと何か予定はありますか？

 Knock Test　Check!　🎧 Audio 097　上のトレーニングの音声は「ノック→ポーズ→回答例」の順となっていますが、このノックテストは「ノック→ポーズ」のみです。自分の回答をテンポよく答えてください。

Coach's Advice　確かにビジネス英語には丁寧さを加える工夫が必要。Thanks. と Thank you. は実はどちらも丁寧だけれども、ちょっとしたことには Thank you. よりも Thanks. が自然。

▼ Model Answers

It's nice to see you again.
▶ よりビジネスライクな意味では「お世話になっております」としても使える。また、初めて会う場合は see ではなく meet で。

It's a nice day, isn't it?

Thank you for coming all the way here today.

Thank you for bringing that all the way here today.

Shall we begin?
▶ Shall we...? は Should we...? ほど広く使えないが、始まりや終わりのかけ声として No.389 や No.390 のように言う。

Shall we finish up?

Thanks for everything last week.

Do you have any plans after this?
▶ さりげなく聞きたいときは、Are you free... ? よりこの表現のほうがよい。plan は複数形にするのを忘れずに。

385	386	387	388	389	390	391	392

本番 8 ゲストを出迎える──ビジネス編

 ビジネスシーンでも少しディープなおつき合いでもよく使うさりげないミニトークをトレーニングしよう。 🎧 Audio 098

よく聞かれる質問 ノック ------▶ あなたの Reply

393
「おかげさまで」+天気についてひとこと + How are you?

How are you today?
今日は（調子は）いかがですか？

394
「おかげさまで」+自由に1文 + How are you?

395
使ってよいと 2文以上 で答えて

May I use the WiFi here?
ここのWiFiを使ってもいいですか？

396

残念ながら 使えないと 2文以上で答えて

397

So this is your office?
ここがあなたのオフィスですね。

自分のオフィスについてコメントしてみよう

398

How long have you been working here?
ここで働いてどれくらいですか？

399

How's your schedule at the beginning of next month?
来月のあたまのスケジュールはどうですか？

あなたのスケジュールで答えて

☑ **Knock Test** Check! 🎧 Audio 099 　上のトレーニングの音声は「ノック→ポーズ→回答例」の順となっていますが、このノックテストは「ノック→ポーズ」のみです。自分の回答をテンポよく答えてください。

Coach's Advice ここでは、よくある会話なのに見落としがちな大事なノックをとりあげます。例えば自分の会社のWiFiを相手が使うことができないとき、「個人的にはそうしたいのですが、難しいです」などの返事も簡単な言葉で、言えるようになりましょう。

▼ Model Replies

Good, thanks. I'm glad it stopped raining. How are you?

おかげさまで。雨がやんでよかったです。あなたは？

Good, thanks. Busy though. How are you?

おかげさまで。忙しいけれど。あなたは？

Sure. I'll get the password. Just a moment.

いいですよ。パスワードを持ってきますね。少々お待ちください。

I wish we had WiFi for visitors to use. But it's impossible to use our WiFi. Sorry about that.

お使いいただけるWiFiがあるといいのですが、弊社のWiFiは使えないのです。申し訳ございません。

▶ 日本語では「お使いいただくのは難しい」と言うことがあるが、英語でIt's difficult... と言ってしまうと逆に相手は混乱してしまうので、この表現は避けよう。

Yeah. It's not very fancy. Is it different from what you imagined?

はい。そんなにしゃれてはいないんです。想像していたのと違いますか？

About five years. It feels like more.

5年くらいです。もっと長く感じます。

▶ moreの部分をlessに変えて、「もっと短く感じる」とも言える。

Well, I'm free on Wednesdays and Fridays in the afternoon.

ええと、水曜日と金曜日の午後は空いてます。

393	394	395	396	397	398	399

待ち合わせ場所に先についたゲストJohnから電話がかかってきます。電話を受けて、すぐに迎えに行きましょう。

🎧 Audio 100

Long Rally 11 往復

相手の問いかけ - - - - - - - - - - - - - - → あなたのReply

400

📞 **Hello. This is John. I'm in front of your company.**

もしもし。ジョンです。あなたの会社の前に着きました。

401

📞 **OK. Thanks.**

わかりました。ありがとう。

相手が待ち合わせ場所について……

402

Oh. Hi, there.

どうも。

403

It's so nice to see you too. How are you today?

こちらこそお世話になっております。今日は（調子は）いかがですか？

404

Good. I'm sorry I'm late. There was a problem with the train line.

いいですよ。遅れてすみませんでした。電車にみだれがありまして。

405

So, shall we go to the meeting?

では、そろそろミーティングに行きましょうか？

あなたのオフィスに着きました。

406

So, this is your office?

ここがあなたのオフィスですね。

407

It looks like a typical Japanese office. Where is your desk?

日本のオフィスという感じですね。あなたのデスクはどちらですか？

408

So how long have you been working here?

ここではどれくらい働いているのですか？

では、ミーティングルームへ（部屋に入ってみんなと合流）

409

Oh. Hi, everyone. Thank you for your time today.

みなさん、こんにちは。失礼します。（直）今日はお時間をありがとうございます。

410

So, please introduce us.

では、みなさんを紹介してくれますか？

同僚に紹介して。

Knock Test 上のトレーニングの音声は「ノック→ポーズ→回答例」の順となっていますが、この
Check! 🎧 Audio 101　ノックテストは「ノック→ポーズ」のみです。自分の回答をテンポよく答えてくださ
い。

Coach's Advice ミーティングは会社だけではなく、ボランティア団体、サークル活動などでもありえる会話。その応対能力もいろんな場面で問われるはず。ここではミーティングをスタートさせるまでのやりとりをスムーズにできるようにしましょう。

▼ Model Replies

OK. I'll be there in a minute.
了解です。すぐに行きます。

Sure. B'bye.
はい。では。

Hi. It's nice to see you again.
どうも。（会ったことのある人に）お世話になっております。

Good, thanks. I've been busy though. How are you?
おかげさまで。でも忙しいんですよ。あなたは？

That's OK. We all understand.
大丈夫ですよ。よくわかります。

Yes. The elevators are over here. Follow me.
はい。エレベーターはこちらです。ついてきてください。

Yeah. It's not very fancy. Is it different from what you imagined?
ええ。そんなにしゃれてはいないんです。想像していたのと違いますか。

Over there. But we don't want to see it.
あちらです。でも見なくていいですよ。（直）私たちは見たくありません。

About five years. It feels like more.
5年くらいです。もっと長く感じます。

Well, thank YOU for coming all the way here.
いいえ。わざわざここまでお越しくださいましてありがとうございます。

This is Mr. Sakamoto. He works in my department.
こちらが坂本です。彼は私と同じ部署で働いています。

400	401	402	403	404	405	406	407	408	409	410

ゲストとして訪問する ——ビジネス編

 取引先のJohnの会社を訪問します。でも時間になってもJohnは待ち合わせ場所に現れません。では、電話してみよう。

🎧 Audio 102

Short Rally 6 往復

 相手の 問いかけ ----------▶ あなたの Reply

待ち合わせ場所に相手がいないとき

411

📞 **Hello This is John Smith.**

もしもし。ジョン・スミスです。

412

📞 **Oh. Hi. Where are you now?**

どうも。今どちらですか?

413

📞 **I'm sorry I'm not there. Please forgive me.**

すみません。まだそこに着いていないんです。許してください。

414

📞 **OK. I'm on my way.**

今向かっていますので。

415

📞 **B'bye.**

では。

416

Oh, sorry to keep you waiting.

お待たせしました。

 Knock Test
Check! 🎧 Audio 103
上のトレーニングの音声は「ノック→ポーズ→回答例」の順となっていますが、このノックテストは「ノック→ポーズ」のみです。自分の回答をテンポよく答えてください。

▼ Model Replies

📞 **Hi, John. This is Kei Saito.**
こんにちは、ジョン。斉藤ケイです。

📞 **I'm in the lobby of your building, I think.**
(あなたの) 会社のロビーにいる……と思うのですが。

📞 **That's OK. No problem.**
わかりました。大丈夫ですよ。

📞 **OK. I'll be here.**
わかりました。お待ちしております。
▶「お待ちしております」は I'm waiting. ではなく、I'll be [場所]. と伝えるほうがソフト。

📞 **B'bye.**
では。

That's OK. Thank you for meeting me today in spite of your busy schedule.
大丈夫です。お忙しい中お時間を作っていただいてありがとうございます。
▶「お忙しい中お時間をとっていただいてすみません」は I'm sorry for... で言うこともあるが、Thank you for... も とても感じがよい。

411	412	413	414	415	416

次は、時間どおりに待ち合わせ場所で落ち合うことができたときのラリーをしてみよう。　🎧 Audio 104

Short Rally 6 往復　相手の問いかけ - - - - - - - - - - - ▶ あなたの Reply

迎えにきてもらったときのあいさつ

417 Mr. Smith が会社の入り口まで迎えにきてくれました。

Good morning.
おはようございます。

418

How have you been?
お元気でしたか？　（ご無沙汰しております）

419

Good. Did you have any trouble finding our office?
元気ですよ。うちのオフィスはすぐに見つかりましたか？

420

OK. Follow me.
よかったです。こちらへどうぞ。

421 Mr. Smith のオフィスに着きました

So we're using this meeting room. Have a seat.
では、このミーティングルームを使います。おかけください。

422

What would you like to drink? Coffee? Soda? Water? Or something else?
お飲み物は何がよろしいですか？　コーヒー？　ソーダ？　水？　それとも別のものがよいですか？

Knock Test
Check! 🎧 Audio 105

上のトレーニングの音声は「ノック→ポーズ→回答例」の順となっていますが、このノックテストは「ノック→ポーズ」のみです。自分の回答をテンポよく答えてください。

Coach's Advice ビジネスで使う大事な単語をふたつ we、our。英語では主語が欠かせないので、日本語の「弊社」の意味としてよく使います。「会社」の事は our company、our office.で。My company も通じますが、自分が経営者のようなニュアンスになります。

▼ Model Replies

Good morning, John.

おはようございます。ジョンさん。

Good, thanks. And you?

おかげさまで。元気です。そちらは？

It was very easy to find. The directions on your web site were very clear.

とても見つけやすかったです。ウェブサイトの道案内がとてもわかりやすかったので。

Thanks.

ありがとうございます。

OK. Thanks.

はい。ありがとうございます。

I'll have some coffee.

コーヒーをお願いします。

| 417 | 418 | 419 | 420 | 421 | 422 |

本番 9 ゲストとして訪問する―ビジネス編

 ビジネスシーンや旅行などで会社やホテルを訪問するときの定番表現を日→英でトレーニングしよう。　🎧 Audio 106

よく使う表現　ノック　--------------------→　あなたの Answer

423

ジョン・スミスさんと約束している者ですが。
（直）ジョン・スミスさんに会いに来ました。

424

フロント・デスク・マネージャーのかたと約束している者ですが。

425

マイケルさんと約束している者ですが。

426

ウェブサイトの道案内はとてもわかりやすかったです。

427

あなたのオフィスは私のオフィスよりずっと素敵です。

428

ここにどれくらいお勤めですか？

429

どちらに座ればよろしいですか？

430 飲み物を何にするか聞かれて

では、コーヒーでお願いします。

✓ **Knock Test** Check! 🎧 Audio 107　上のトレーニングの音声は「ノック→ポーズ→回答例」の順となっていますが、このノックテストは「ノック→ポーズ」のみです。自分の回答をテンポよく答えてください。

Coach's Advice 人の名前は Mr. Michael とは言いません。例外として一部のアメリカの私立
小学校で先生を Ms. Michelle/Mr. Michael などと言うこともあるようです
が、一般的ではありません。最近は国際交流も進んでいるので Mr./Ms. をつ
けるより日本式に Michelle san、Michael san、とするほうが自然です。

▼ Model Answers

I'm here to see John Smith.

▶ 「約束している」は promise ではなく、上記のように I'm here to see [誰]. や I'm meeting Mr./Ms. [誰]. が自
然。appointment は単なる打ち合わせとしての約束ではなく、「予約している」という意味で使うほうが多い。

I'm here to see the front desk manager.

I'm here to see Michael.

▶ ビジネスの場でもここでは Mr. Michael とは言わない。

The directions on your web site were very clear.

Your office is much nicer than mine.

▶ この場合の office は個人用のオフィスでも会社の広い共有スペースにも使える。

How long have you been working here?

Where should I sit?

I'll have some coffee.

▶ I'll have some coffee. はお店などでオーダーするときのニュアンスにもなる。お店などではなく訪問先などで飲
み物を出してもらうときにも使えるが、Coffee sounds good. もよく使う。

本番 9 ゲストとして訪問する──ビジネス編

 ここでのノックには2文以上で答えてみて。ふたつのパターンを用意しているので、それぞれの状況をイメージして答えてみよう。 🎧 Audio 108

よく聞かれる質問 相手の問いかけ - - - - - - - - - - - - - ▶ あなたの Reply

431
訪問先のビルのロビーにいると答えて

🔊 **Where are you now?**
今どちらですか？

432
遅れているので理由とお詫びを伝える

433
Yes.＋1文以上で補足

Did you have any trouble finding our office?
うちのオフィスはすぐに見つかりましたか？

434
No.＋1文以上で補足

435
聞かれた飲み物からひとつリクエスト

**What would you like to drink? Coffee?
Soda? Water? Or something else?**
お飲物は何がよろしいですか？　コーヒー？
ソーダ？　水？　それとも別のものがよいですか？

436
今は結構です、と答えて

437

Oh, sorry to keep you waiting.
お待たせしました。

438

This is our office.
ここが私たちのオフィスです。

オフィスをほめてください

Knock Test
Check! 🎧 Audio 109

上のトレーニングの音声は「ノック→ポーズ→回答例」の順となっていますが、このノックテストは「ノック→ポーズ」のみです。自分の回答をテンポよく答えてください。

Coach's Advice maybeの日本語訳は「多分」だが、確信度が低い。maybeより No.431 のように文末にI think. や文中にprobablyを使うと日本語の「多分」の意味合いに近くなる。

▼ Model Replies

I'm in the lobby of your building, I think.
多分ビルのロビーにいると思うのですが……。

I'm sorry I'm late. I took the wrong train.
すみません、遅れています。間違った電車に乗ってしまって。

Yes. I had the address. But the taxi driver couldn't find it. Sorry I'm a little late.
住所はわかっていたのですが、タクシーの運転手が見つけられなかったようで。遅れてすみません。

No. The directions on your web site were very clear.
はい。ウェブサイトの道案内はとてもわかりやすかったです。

I'll have some coffee.
コーヒーをお願いします。

I'm fine. Thanks anyway.
おかまいなく。でもありがとう。

That's OK. Thank you for meeting me today in spite of your busy schedule.
大丈夫です。今日はお忙しい中お時間を作っていただいてありがとうございます。

It's nice. It's much nicer than my office. And you have a good view of the city.
素敵ですね。私のオフィスよりずっと素敵です。それから、町の眺めがいいですね。

▶ 褒めにくい場合は It's just as I imagined.「想像したとおりです」が定番表現。

本番 9 ゲストとして訪問する──ビジネス編

 いろんな角度からノックを打ちますよ。今度は受付がいるパターンで。よーい、スタート！ 🎧 Audio 110

Long Rally 12往復　相手の問いかけ ----→ あなたのReply

訪問先の受付で

439
G'morning.
おはようございます。

440
How can I help you?
ご用件はなんでしょうか？

441
OK. May I have your name?
すみません。お名前をよろしいですか？

442
OK. Just a minute.
かしこまりました。少々お待ちください。

Mr. Smith が受付にやってきました

443
Oh. G'morning.
どうも。おはようございます。

444
How have you been?
お元気ですか？（ご無沙汰しております）

445
Good. Did you have any trouble finding our office?
元気です。うちのオフィスはすぐに見つかりましたか？

446
OK. Follow me.
よかったです。こちらへどうぞ。

Mr. Smith のオフィスに来ました

447
This is our office.
ここが私たちのオフィスです。

448
So we're using this meeting room. Have a seat.
では、このミーティングルームを使います。おかけください。

449
What would you like to drink? Water? Coffee? Soda? Or something else?
お飲み物は何がよろしいですか？　水？　コーヒー？　ソーダ？　それとも別のものがよいですか？

450
OK. I'll get that. Here are the documents for the meeting. Have a look.
わかりました。お持ちしますね。これがミーティングの資料です。ご覧になってください。

 Knock Test 🎧 Audio 111　上のトレーニングの音声は「ノック→ポーズ→回答例」の順となっていますが、このノックテストは「ノック→ポーズ」のみです。自分の回答をテンポよく答えてください。

110

▼ Model Replies

G'morning.

おはようございます。

Yes. I'm here to see John Smith.

ジョン・スミスさんと約束なのですが。

Sure. I'm Kei Saito from Sushi Industries.

はい。寿司工業の斉藤ケイと言います。

OK. Thanks.

はい。ありがとうございます。

G'morning, John.

おはようございます。ジョンさん。

Good, thanks. And you?

おかげさまで元気です。ありがとうございます。そちらは？

**It was very easy to find. The directions on your web site were
very clear.**

とても見つけやすかったです。ウェブサイトの道案内がとてもわかりやすかったので。

Thanks.

ありがとうございます。

**It's nice. It's much nicer than my office. And you have a good view
of the city.**

素敵ですね。私のオフィスよりずっと素敵です。それから、町の眺めがいいですね。

OK. Thanks.

はい。ありがとうございます。

I'll have some coffee.

コーヒーをお願いします。

OK. I appreciate that. Thanks.

了解です。どうもすみません。

本番10 街を観光案内 ——日本的なものを説明する

 僕と街を歩いていたら、遠くから音が聞こえてきました。日本の焼きイモを売るトラックについて、その後に自動販売機について僕に説明して。 🎧 Audio 112

Short Rally 6 往復　　相手の問いかけ ------------------▶ あなたのReply

451 焼きイモを売るトラックの音が聞こえて

What's that sound?
あれは何の音ですか？

452

Tell me about that truck.
あのトラックについて教えてください。

453

Oh, are the sweet potatoes expensive?
焼きイモは高いですか？

454

Let's get one.
そうしましょう。

455 焼きイモを食べ終わりました。次は自動販売機について……

That was good. Tell me about this vending machine.
おいしかったです。この自動販売機について教えてください。

456

Which drink do you like in this vending machine?
あなたがこの自動販売機の中で好きな飲み物はどれですか？

 Knock Test 🎧 Audio 113　上のトレーニングの音声は「ノック→ポーズ→回答例」の順となっていますが、このノックテストは「ノック→ポーズ」のみです。自分の回答をテンポよく答えてください。

♪ いしや〜き
　　いも〜

▼ Model Replies

It's a person selling sweet potatoes. He's saying "baked sweet potatoes."

サツマイモを売っているんですよ。（この声は）焼きイモと言っています。

The sweet potatoes are baked in a special oven in the back of that truck.

焼きイモはあのトラックの後ろに積んである特別な釜で焼くんです。

Not really. One sweet potato is about 500 yen. Would you like one?

そんなに高くはないですよ。1本500円くらいです。食べてみますか？

OK. Sounds good.

では、そうしましょう。

You can get cold or hot drinks. The hot drinks have red price tags.

冷たい飲み物や温かい飲み物を買うことができます。温かい飲み物は値段の表示が赤くなっています。

▶ Tell me about... と言われたら「ひとことお願いします」だと思って1文以上のコメントをしてみよう。

Well, there are three kinds of teas. My favorite is this tea. It's called "Royal milk tea."

そうですね。お茶は3種類あって、私が好きなのはこれです。「ロイヤルミルクティー」と言います。

▶ 「ロイヤルミルクティー」がすぐに伝わる国は限られているので、"tea" と言ってから飲み物の名称として教えてあげると親切。

日本的なものの説明表現を日→英でトレーニングしよう。　⨀ Audio 114

説明してみよう　　ノック ----------▶ あなたの Answer

457

[ゲタ]
古い伝統的な靴です。

大きな概念で

458

木製のサンダルのようなものです。

プラス補足

459

[こいのぼり]
五月初旬の伝統的な飾りです。

大きな概念で

460

健康的な男の子への願いを象徴しています。

プラス補足

461

[おじぞうさん]
伝統的な宗教の像です。

大きな概念で

462

たくさんいる日本の神様のひとつです。

プラス補足

463

[神社]
これは日本の伝統的な宗教、神道の神社です。

大きな概念で

464

神道の神社は入り口に赤いアーチがあります。あちらみたいな……そして2匹の犬の像があります……あちらとあちらのようなものです。

プラス補足

✓ **Knock Test**　上のトレーニングの音声は「ノック→ポーズ→回答例」の順となっていますが、この
Check!　⨀ Audio 115　ノックテストは「ノック→ポーズ」のみです。自分の回答をテンポよく答えてください。

英語で日本的なものを伝えるときは **Big To Small テクニッ ク**を使おう。大きな概念から小さな概念へスケールを絞りな がら説明するということ。ポイントはうまく（traditional や woodenのような）形容詞をプラスすること。

▼ Model Answers

They are old traditional shoes.

They are like wooden sandals.

It's a traditional decoration in early May.

They represent a wish for healthy boys.

It's a traditional religious statue.

It represents one of many Japanese Gods.

▶ さらに補足するには→You can see them all over Japan.「日本中で見ることができます」

It's a shrine based on Japan's traditional religion called Shinto.

Shinto shrines have a red arch at the entrance... like that, and two statues of dogs... like that and that.

本番10 街を観光案内──日本的なものを説明する

 では日本的なものを会話形式で説明してみよう。できれば2文以上で。がんばって。　🎧 Audio 116

よく聞かれる質問　　ノック　------------▶　あなたの Reply

（おでんを指ながら）
What's that?
あれは何ですか？

465 大きな概念の1文

466 プラス補足の1文

（こいのぼりを指しながら）
What's that?
あれは何ですか？

467 大きな概念の1文

468 プラス補足の1文

（お寺を指しながら）
What's that building?
あの建物は何ですか？

469 大きな概念の1文

470 プラス補足の1文

（お店の前の行列を見ながら）
What's that line?
あの行列は何ですか？

471 大きな概念の1文

472 プラス補足の1文

✓ **Knock Test** Check! 🎧 Audio 117　　上のトレーニングの音声は「ノック→ポーズ→回答例」の順となっていますが、このノックテストは「ノック→ポーズ」のみです。自分の回答をテンポよく答えてください。

Coach's Advice 前のページで紹介した **Big To Small テクニック**で、さらにトレーニングしよう。最初のひとことは大きな概念をシンプルに。そしてふたこと目ではその補足を。形容詞をうまく使うことも忘れずに。It's *oden.* や Japanese *koinobori* のように日本語をそのまま伝えるのではなく、説明してみよう。

▼ Model Replies

It's a traditional winter food.

伝統的な冬の料理です。

It has boiled vegetables, eggs and some seafood.

煮た野菜、卵、魚介類などが入っています。

It's a traditional decoration in early May.

五月初旬の伝統的な飾りです。

▶「男の子のための5月の飾り」と1文で言おうとするとつまってしまうかも。文を切って5月のものであること、男の子のためのものであることを簡潔に2文以上で言えると相手も理解しやすい。

They represent a wish for healthy boys.

健康的な男の子への願いを象徴しています。

It's a temple.

お寺です。

Buddhist temples are one of the two major kinds of religious buildings in Japan.

仏教のお寺は日本の代表的な2大宗教の建物のひとつです。

It's a long line for a popular restaurant.

人気のあるお店の行列ですね。

People are lining up to eat a noodle dish called *ramen*.

ラーメンという麺料理を食べるために並んでいるんですよ。

465	466	467	468	469	470	471	472

フレンドの僕が歩きながら見かけるものについてあなたに「あれは何?」と問いかけるので、説明してあげて。 🎧 Audio 118

本番 10 街を観光案内——日本的なものを説明する

Long Rally 11 往復

相手の問いかけ - - - - - - - - - - - - - - - → あなたの Reply

473 焼きイモを売るトラックの音が聞こえて

What's that sound?
あれは何の音ですか?

474

Tell me about that truck.
あのトラックについて教えてください。

475 ### Oh, are the sweet potatoes expensive?
焼きイモは高いですか?

476 ### Let's get one.
そうしましょう。

477 そこから少し歩いて……

(銭湯の入り口を指して) What's that building?
あの建物は何ですか?

478 ### I see. Do you go there often?
なるほど。あなたもよく行くのですか?

479 さらに歩いて……

(神社を指して) What's that building?
あの建物はなんですか?

480

Do you go there often?
よく行くのですか?

481 ### Can we walk around in there?
中に入ってみても大丈夫ですか?

482

So tell me about this shrine.
では、この神社について教えてください。

483

What do people do here?
ここでは何をするのですか?

 Knock Test Check! 🎧 Audio 119 上のトレーニングの音声は「ノック→ポーズ→回答例」の順となっていますが、このノックテストは「ノック→ポーズ」のみです。自分の回答をテンポよく答えてください。

Coach's Advice

できるだけ、ひとつのモノを説明するのに2文以上で答えられるようにチャレンジしてみよう。まずはひとことでおおまかに。そして2文目でその補足をする。最後はノックテストで自分なりの回答を練習するのも忘れずにね。

▼ Model Replies

It's a person selling sweet potatoes. He's saying "baked sweet potatoes."

サツマイモを売っているんですよ。（この声は）焼きイモと言っています。

The sweet potatoes are baked in a special oven in the back of that truck.

焼きイモはあのトラックの後ろに積んである特別な釜で焼くんです。

Not really. One sweet potato is about 500 yen. Would you like one?

そんなに高くはないですよ。1本500円くらいです。食べてみますか？

OK. Sounds good.

では、そうしましょう。

It's a traditional bath house. People take a shower and then relax in a big bath tub.

あれは浴場です。シャワーをあびて大きな湯船でリラックスすることができます。

▶「銭湯」を表すのに public bath でも通じるけれど、bath house のほうがおすすめ。

Not now. I used to go there when I was in college.

今は行きません。大学生の頃は行ってました。

That's a shrine or temple. Oh, it has a red arch at the entrance so it's a Shinto shrine which is Japan's traditional religion.

神社かお寺です。入り口に赤いアーチ（鳥居）があるので、これは日本の伝統的な宗教神道の神社です。

Sometimes. And I always go there on January 1st to celebrate the new year.

ときどき行きます。でも新年のお参りに毎年元旦に行きます。

Yeah. I think so. Let's go.

ええ。大丈夫だと思いますよ。行ってみましょう。

I don't know much about the history. But this is a typical Japanese shrine. It has the red arch at the entrance with a statue of dog on each side.

歴史についてはそんなに知らないのですが、典型的な日本の神社です。赤いアーチ（鳥居）があって、両脇に狛犬がいます。

There are a lot of ceremonies and even weddings. Everyday people pass by and bow in front of the shrine.

いろいろな儀式があって、結婚式もできます。通常は人々が立ち寄って神社の前でおじぎをします。

473 474 475 476 477 478 479 480 481 482 483

本番11 親密なおつき合い——デート

 初めてのデートをイメージして、下のShort Rallyにチャレンジしてみて。　🎧 Audio 120

Short Rally 6 往復　　相手の問いかけ ----------→ あなたのReply

484 待ち合わせ場所に着いて

Hi, there. You look great!

どうも。(洋服などが)素敵だね。

485

So are you hungry?

お腹はすいてる?

486

I'm pretty hungry. Let's check out that restaurant over there.

僕も結構お腹がすいてる。あそこにあるレストランを見てみよう。

487 レストランで席について

Is it too noisy in here for you?

ここ、うるさすぎる?

488

OK. Let's order a drink. What would you like to drink? Beer? Or wine? Or a cocktail?

では、飲み物をオーダーしよう。何が飲みたい?　ビール?　ワイン?　それともカクテル?

489

OK. I'll have the same. Are you a heavy drinker?

じゃあ、同じものにするよ。お酒は強いの?

Knock Test Check!? 🎧 Audio 121　上のトレーニングの音声は「ノック→ポーズ→回答例」の順となっていますが、このノックテストは「ノック→ポーズ」のみです。自分の回答をテンポよく答えてください。

▼ Model Replies

Oh, thanks. That's nice of you to say.

ありがとう。そう言ってくれてうれしい。

▶ そして、誉められた相手も誉め返す。You look great too. でもOK.。

Yeah. Pretty hungry. How about you?

ええ。結構すいてる。あなたは？

That sounds good. Let's go.

いいわね。行ってみましょう。

No. I think I'll be okay. This is a nice table in the corner.

いいえ。大丈夫だと思う。ここは隅でいい席ね。

I'll have a glass of white wine. How about you?

白ワインにするわ。あなたは？

No. Not really. How about you?

いいえ、そんなに。あなたは？

相手に気を配る言い方や相手についてもっと知るための表現、そして会話を継続させる表現をマスターしよう。　🎧 Audio 122

よく使う表現　 ノック ----------▶ あなたの Reply

490 レストランを選ぶときの気配り表現

ここ、煙たすぎますか？

491

ここ、うるさすぎますか？

492

メニューに食べたいものはある？

493

食べられないものはありますか？

494 スモールトークをしたい場合は……

今日はどうだった？

495

あなたの友だちの話を聞かせて。

496

あなたは犬派？　それとも猫派？

497

いつも週末は何をしていますか？

 Knock Test Check! 🎧 Audio 123　　上のトレーニングの音声は「ノック→ポーズ→回答例」の順となっていますが、このノックテストは「ノック→ポーズ」のみです。自分の回答をテンポよく答えてください。

Coach's Advice　付加疑問文は簡単ではないですね。試験では、Yes. か No. を答えるように問われますが、実際の会話では文で答えれば大丈夫。例えば、Isn't it smoky? 「煙くない?」には I'm okay. や Let's go somewhere else. などを言えば成立します。

▼ Model Replies

Is it too smoky in here?

Is it too noisy in here?

Is there anything on the menu that you wanna eat?
▶ これは「食べられない」のではなく「食べたいもの」があるかどうかの質問だが、「食べられないもの」を聞くときは No.493 のように聞く。

Is there anything that you don't eat?
▶ ポリシーとして「食べないもの」を聞くときは can't eat ではなくこのように聞く。特にアメリカでは「肉を食べない」「ツナを食べない」(動物殺生の関係で) などのポリシーを持つ人が多く、それを尊重するのが一般的。

How was your day?

Tell me about your friends.
▶「〜の話を聞かせて」の定番表現。これを活用して会話を継続できるようにしよう。

Are you a dog person or a cat person?

What do you usually do on weekends?

本番 11 親密なおつき合い──デート

 それではちょっと親密度の高い質問をノックするので、頑張って返してください。

Audio 124

よく聞かれる質問　ノック ────────────▶ あなたの Reply

498 お酒を
オーダー
してみよう

What would you like to drink? Beer?
Or wine? Or a cocktail?
何が飲みたい？　ビール？　ワイン？　それともカクテル？

499 運転がある
のでお酒では
ないものを注文

500 Yes.+
補足1文で

Are you a heavy drinker?
お酒は強い？

▶ お酒に強いことを strong drinker と言わないように。

501 No.+
補足1文で

502

Do you live with your parents?
両親と住んでるの？

503

How long ago was your last relationship?
最後につき合ってたのはいつ？

504

Are you seeing anyone now?
今つき合っている人はいる？

 Knock Test　上のトレーニングの音声は「ノック→ポーズ→回答例」の順となっていますが、この
ノックテストは「ノック→ポーズ」のみです。自分の回答をテンポよく答えてください。

Check! Audio 125

Coach's Advice 質問の内容も関係性もだんだん親密度がディープになってきますね。このような質問はストレートに聞かれても、ストレートに返さないといけないということではありません。Well, what do you think? や That's top-secret. などを自分なりに使って下の会話を完成させてください。

▼ Model Replies

I'll have a glass of white wine. How about you?

白ワインにします。あなたは？

Well, I'm driving and I really don't drink, so I'll have grapefruit juice. How about you?

今日は運転もあるし、もともとそんなに飲まないんです。今日はグレープフルーツジュースにします。あなたは？

Yeah. I drink pretty often. How about you?

ええ。わりとよく飲みますよ。あなたは？

No. Not really. I just drink socially sometimes. How about you?

いいえ。そんなには飲みません。おつき合いで飲む程度です。あなたは？

No. I have my own apartment. It's not very big though.

いいえ。ひとりでアパートに住んでるよ。そんなに広くないけれど。

Well, I've dated, but it's been a while since I've had a long term relationship.

デートはしてたけれど、長くつき合うのはしばらくなかったかな。

▶ About six month ago. How about you? 「半年前です。あなたは？」のように短く答えてもOK。

Kind of. But we don't see each other very often. It's very complicated. How about you?

微妙な感じ。そんなに頻繁には会ってないの。いろいろ複雑で。あなたは？

▶ No. How about you? 「いいえ。あなたは？」と短く答えてもOK。

| 498 | 499 | 500 | 501 | 502 | 503 | 504 |

本番11 親密なおつき合い──デート

 相手と待ち合わせてからレストランで席につき、会話を楽しむラリーをしよう。　🎧 Audio 126

Long Rally 11 往復　　相手の問いかけ ------------▶ あなたのReply

505
Hi, there. You look great!
どうも。（洋服などが）素敵だね。

506
So are you hungry?
お腹はすいてる？

507
I'm pretty hungry. Let's check out that restaurant over there.
僕も結構お腹がすいてる。あそこにあるレストランをみてみよう。

レストランで席について
508
Is it too noisy in here for you?
ここ、うるさすぎる？

509
OK. Let's order a drink. What would you like to drink? Beer? Or wine? Or a cocktail?
では、飲み物をオーダーしよう。何が飲みたい？　ビール？　ワイン？　それともカクテル？

510
OK. I'll have the same. Are you a heavy drinker?
わかった。僕も同じものにするよ。お酒は強いの？

511　ではここからスモールトークにチャレンジ。2文以上で答えてみて
So, how was your day today?
それで、今日はどうだった？

512
OK. Tell me about your friends.
では、あなたの友だちの話を聞かせて。

513
That's interesting. So, are you a dog person or a cat person?
おもしろそうですね。あなたは犬派？　それとも猫派？

514
I see. By the way, are you seeing anyone now?
そうなんだ。ところで、今つき合ってる人はいる？

515
What do you do in your free time?
時間のあるときは何をしてるの？

 上のトレーニングの音声は「ノック→ポーズ→回答例」の順となっていますが、この
Check!　🎧 Audio 127　ノックテストは「ノック→ポーズ」のみです。自分の回答をテンポよく答えてください。

126

Coach's Advice ここで紹介している内容はもちろん「恋愛関係」以外にも使えます。本当にこのような会話に困ったら、本番で That's an interesting question. や It's hard to explain, how about you? などを駆使してみましょう。

▼ Model Replies

Oh, thanks. That's nice of you to say.
ありがとう。そう言ってくれてうれしい。

Yeah. Pretty hungry. How about you?
ええ。結構すいてる。あなたは？

That sounds good. Let's go.
いいわね。行きましょう。

No. I think I'll be okay. This is a nice table in the corner.
いいえ。大丈夫だと思う。ここは隅でいい席ね。

I'll have a glass of white wine. How about you?
白ワインにするわ。あなたは？

No. Not really. I just drink socially sometimes.
いいえ、そんなに。ときどきおつき合いで飲んだりはしますけど。

Terrific! I met some old friends. We haven't seen each other for nine years.
最高にいい１日だった。昔の友人に会って。９年ぶりだったので。

One friend is a coffee connoisseur. She makes really good coffee. She is working at a café in Ginza. I can take you there someday.
友だちのひとりがコーヒー通なんです。とてもコーヒーを入れるのが上手です。銀座のカフェで働いているので、いつか連れていくね。

I think I'm a dog person. I've never had a dog. Actually, I'm allergic to cats.
犬派かな。犬を飼ったことないけれど、実は猫アレルギーがあって。

Kind of. But we don't see each other very often. It's very complicated.
微妙な感じ。そんなに頻繁には会わないので。いろいろ複雑で。

I like sports. I play tennis two or three times a month. How about you?
スポーツが好きで、月に２、３回はテニスをしてるよ。あなたは？

505	506	507	508	509	510	511	512	513	514	515

発音ノック ▶▶▶ 3ビート (2)

日本語を聞いて、それを英語に変換して、さらにそれを3ビートで言えるように。さぁ、スタート。　🎧 Audio 128

ノック　　　　　　　　　回答例

516
ショッピングモール　　　**Shopping mall.**

517
マクドナルド　　　　　　**McDonald's.**

518
オレンジ・ジュース　　　**Orange juice.**

519
ホテル・ルーム　　　　　**Hotel room.**

520
クレジットカード　　　　**Credit card.**

521
コーヒーカップ　　　　　**Coffee cup.**

522
電車の駅　　　　　　　　**Train station.**

523
日本語　　　　　　　　　**Japanese.**

524
母と父　　　　　　　　　**Mom and dad.**

525
水だけ　　　　　　　　　**Just water.**

➡ 最後に……シャッフルノック（少しテンポも早くなるよ）

✅ **Knock Test** 🎧 Audio 129

516	517	518	519	520	521	522	523	524	525

Speed Challenge 5

発音ノック ▶▶▶▶ 4 ビート

4ビートの文章を気持ちよくサッと言えるようにトレーニングしよう。日本語 を聞いて英語で返して。 🎧 Audio 130

ノック	Answer
526 どうもありがとうございます。	**Thank you so much.**
527 はじめまして。	**Nice to meet you.**
528 お久しぶりです。	**Long time no see.**
529 よい 1 日を。	**Have a nice day.**
530 これ、あなたのお茶ですか？	**Is this your tea?**
531 マクドナルドはどこですか？	**Where's McDonald's?**
532 次の電車はいつですか？	**When's the next train?**
533 スターバックスは閉まりました。	**Starbucks is closed.**
534 これはいくらですか？	**How much is this?**
535 すぐに戻ります。	**I'll be right back.**
536 もっといただけますか？	**May I have more?**
537 ここでお待ちいただけますか？	**Would you wait here?**

➡ 最後に……シャッフルノック（少しテンポも早くなるよ）

☑ **Knock Test** Check! 🎧 Audio 131

526	527	528	529	530	531	532	533	534	535	536	537

頭と口のスピード連携ノック

 日本語を聞いて頭に思い浮かべたことばをすぐに英語に変換して、時間制限内にテンポよく言ってみよう。　🎧 Audio 132

（ノック）　　　　　　　　　　　　（回答例）

538

犬より大きい動物を３つ、７秒で。

※ Horse, lion, dolphin.

539

犬より小さい動物を３つ、７秒で。

※ Cat, mouse, squirrel.

540

小さい動物から大きい動物へ順番に４つ、７秒で。

※ Mouse, cat, elephant, whale.

541

大きい動物から小さい動物へ順番に４つ、７秒で。

※ Dragon, giraffe, lizard, cat.

542

危険な動物を３つ、７秒で。

※ Snake, alligator, tiger.

543

危険な動物を大きいものから小さいものへ順番に３つ、７秒で。

※ Elephant, rhinoceros, snake.

544

かわいい動物を３つ、７秒で。

※ Dog, cat, dolphin.

545

かわいい動物を大きいものから小さいものへ順番に３つ、７秒で。

※ Dolphin, dog, cat.

☑ **Knock Test** Check! 🎧 Audio 133	538	539	540	541	542	543	544	545

Chapter 4

食事も会話も
共有する本番
Sharing a Meal

基礎準備 **食事も会話もはずむ定番表現** (→ *p.132*)

本番 12 **カフェでクイックランチ** (→ *p.136*)

本番 13 **友だちの BBQ パーティに参加する** (→ *p.144*)

本番 14 **自宅での食事に友だちを招待** (→ *p.154*)

本番 15 **仕事帰りにバーで一杯** (→ *p.162*)

Speed Challenge (→ *p.170*)

食事も会話もはずむ定番表現

Unit **1** 「おいしい」の基礎表現 日▶英

Coach's Advice

🎧 Audio 134

「おいしい」にはオールマイティに使えるgoodを使いこなそう。deliciousはこった料理には使えるが、普通においしい食べ物や飲み物などにはほとんど使われない。be good / taste good=「おいしい」。

ノック	▼しおり	Answer

546

おいしい？
➡ **Is it good?**

547

おいしいですね。
➡ **It's good, isn't it?**

548

（食べ物が目の前にきて）
おいしそう。
➡ **It looks good.**
▶ 香りがよい場合はIt smells good.。

549

ここのパスタ、わりとおいしいね。
➡ **This spaghetti is pretty good.**
▶ It was pretty good, wasn't it? 「わりとおいしかったね」。

550

どっちがおいしかった？
➡ **Which was better?**

✓ Knock Test 🎧 Audio 135

ノックテストは「問いかけ→ポーズ」のみの音声です。
自分の回答をテンポよく答えてください。

546	547	548	549	550

Unit 2 食事や料理の感想をシェアする表現 日→英

Coach's Advice 「～はどうですか」はHow's...?で、またNo.555やNo.557のように「どうぞ、食べて」のニュアンスなどはHave...をうまく使って表現してみよう。

Audio 136 ｜ ノック ｜ ▼しおり ｜ Answer

551

サラダはどうですか？ ➡ **How's your salad?**

552

パスタはどうですか？ ➡ **How's your spaghetti?**
▶pastaは麺そのものを指すので、パスタ料理を指すときはspaghettiがよい。例えば「ランチにパスタを食べた」と言うときは、I had spaghetti for lunch. で。

553

あなたのはどうですか？ ➡ **How's yours?**

554

ひと口いかがですか？ ➡ **Would you like a bite?**
▶カジュアルに聞くときはYou want to try it? 「ちょっと食べてみます？」。

555

ひと口食べてみて。 ➡ **Have a bite.**
▶飲み物やスープなどはa sipがひと口。つまり、Have a sip.。

556

（お皿などに残っている料理を）
最後の分はいかがですか？ ➡ **Would you like the rest?**
▶「まだあるけどいかが？」のニュアンス。

557

残りもどうぞ。 ➡ **Have the rest.**

558

半ぶんっこしよう。 ➡ **Let's split it.**
▶「割り勘にしよう」は Let's split the bill.。

✓ **Knock Test** 551 ｜ 552 ｜ 553 ｜ 554 ｜ 555 ｜ 556 ｜ 557 ｜ 558
Check!
Audio 137

Unit 3 「いただきます」「ごちそうさま」の 言い換え表現 日→英

Coach's Advice　英会話の達人になるには、自分らしさ、つまり自分の母語の感覚をうまく生かすことが大切。では、和風ならではのお食事表現をマスターしよう。

🎧 Audio 138

▼しおり

559

いただきましょう。

Let's begin.
▶無言で食事をスタートするよりこのように言うほうがよい。Let's start. よりていねい。

560

（相手の食事が先に届いて）
お先に始めててください。

Go ahead and start.

561

（自分の食事が先に届いて、「先にどうぞ」
と言われて）
お先にいただきます。

I'll go ahead and start.

562

では、おことばに甘えて。

Well, if you insist.
▶「そこまでおっしゃるのなら」のニュアンス。

563

ちょっと失礼します。

**Excuse me for a moment. /
I'll be right back.**
▶この2文は順序を入れ替えてもどちらかひとつを言うだけでも「行ってきます」のニュアンスは伝わる。

564

ただいま。

I'm back.

565

ごちそうさまでした。

That was good.
▶料理を作ってくれた人に直接伝えるならgoodではなくdeliciousを使うのが礼儀。

566

（レストランなどで食事が終わって）
みなさん、ごちそうさまかな。

Shall we go?
▶Shall we begin?「いただきましょうか?」としても使える。

☑ **Knock Test** | 559 | 560 | 561 | 562 | 563 | 564 | 565 | 566 |
Check!
🎧 Audio 139

Unit **4** 外食の基礎—
飲み物のオーダーと勘定のやりとり

Coach's Advice 外食を気持ちよく終えるのに勘定のやりとりは欠かせない。飲み物の
オーダーもビルドアップして …or… の文を言えるようになろう。

🎧 Audio 140

飲み物のオーダービルドアップ ▼しおり

567
飲み物をいただきましょうか。 ➡ **Shall we have a drink?**

568
食事と一緒に飲み物をいただきましょうか。 ➡ **Shall we have a drink with our meal?**

569
食事と一緒に飲み物をいただきましょうか？ それとも水だけにします？ ➡ **Shall we have a drink with our meal, or just water?**

勘定のやりとりをマスター

570
ここは私が。 ➡ **I'll get this.**

571
前回はあなただったでしょ。 ➡ **You got it last time.**
▶ treat でも通じるが恩着せがましく聞こえることもある。get がさりげないおごりの表現。

572
次回は私ね。 ➡ **I'll get it next time.**
▶ You'll get it next time.「次回はあなたね」としてもOK。

573
ここは誰持ち？ ➡ **Who's getting this?**

574
割り勘にしよう。 ➡ **Let's split this.**

☑ **Knock Test**
🎧 Audio 141

567	568	569	570	571	572	573	574

カフェで クイックランチ

 今日は友だちとランチに行く約束の日。待ち合わせ場所からお店まで7往復の ラリーで移動してみよう。 🎧 Audio 142

Short Rally 7 往復　　相手の問いかけ　------►　あなたの Reply

575　待ち合わせ場所に着いて

Oh. Hi. there.
やぁ、どうも。

576

I'm so glad we're having lunch today.
今日一緒にランチできてうれしいな。

577

Is there anything you don't eat?
何か食べられないものはある?

578

OK. Shall we go?
オッケー。行こうか?

579　お店についてメニューを見ながら

Everything on the menu looks good, doesn't it?
メニューの料理はどれもおいしそうだね。

580

Well, I'll have lasagna today. How about you?
私は今日はラザニアにしよっと。あなたは?

581

OK. Let's order. Could you call the waiter?
オッケー。オーダーしよう。ウェイターを呼んでくれる?

 Knock Test Check! 🎧 Audio 143　上のトレーニングの音声は「ノック→ポーズ→回答例」の順となっていますが、この ノックテストは「ノック→ポーズ」のみです。自分の回答をテンポよく答えてくださ い。

▼ Model Replies

Hi, there. Good to see you.

どうも。会えてうれしいです。

Me too! And I'm pretty hungry.

私も！　結構お腹がすいてるの。

Well, spicy foods are not my favorite. But I'm flexible.

辛いものはあまり得意じゃないけれど、でも何でも平気だよ。

Yes. Let's go.

うん。行こう。

Yeah. I wonder what I'll have?

そうだね。私は何にしようかな。

Oh, everything looks so good. I'll have the gnocchi and gorgonzola.

どれもおいしそう。ゴルゴンゾーラとニョッキの料理にしよう。

Sure. Just a sec.

いいよ。ちょっと待ってね。

本番12 カフェでクイックランチ

 食事に誘うときの便利表現を日→英でマスターしよう。 🎧 Audio 144

よく使う表現　　ノック -------------------▶ あなたの Answer

582

ランチを一緒にどうですか？

583

中華はどうですか？

584

お茶行きませんか？

585

今日、仕事帰りに飲みに行きませんか？

586

割り勘にしませんか？

587 ビルドアップにチャレンジ

よい和食のお店があります。

588

最上階にいい和食のお店があります。

589

最上階にいい和食のお店があります、そこでよろしいですか？

☑ **Knock Test** 🎧 Audio 145　上のトレーニングの音声は「ノック→ポーズ→回答例」の順となっていますが、このノックテストは「ノック→ポーズ」のみです。自分の回答をテンポよく答えてください。

Coach's Advice アメリカ人や多くのヨーロッパ人の場合も、日本人と同じように最初は丁寧に接するのが無難なはず。しかし、例えば 5 回以上面識があるのに、最初と同じ接し方はしないはず。英会話だったらファーストネームで呼び合ったり、Why don't we... ? とはっきり提案したりできるはず。

▼ Model Answers

Why don't we have lunch together?

Why don't we have Chinese?

Why don't we have a cup of coffee?

▶ 日本語の 「お茶をしませんか」 と同じように、必ずしもコーヒーを飲むというのではなく、カフェなどでお茶をして話をしようという誘いのときに、このように言う。

Why don't we have a drink after work today?

▶ この場合はほぼお酒のお誘いです。after job でもなく、after working でもなく、after work が広く 「仕事の後」 という意味で使える。

Why don't we split the bill?

There's a good Japanese restaurant.

There's a good Japanese restaurant on the top floor.

There's a good Japanese restaurant on the top floor. Is that OK?

本番12 カフェでクイックランチ

軽いランチでも場所や味の好みはとても重要。2とおりのパターンで答えるノックと2文以上で答えるノックを投げるので自分なりに返してみて。

🎧 Audio 146

よく聞かれる質問
ノック ----------▶ あなたの Reply

590

誘いを受ける場合

Why don't we have lunch together?
ランチを一緒にどう?

591

誘いを断る場合

592

食べられないものをひとつ答えて

Is there anything you don't eat?
食べられないものはある?

593

何でも食べられると答えて

594
What kinds of spaghetti do you usually have?
いつもどんなパスタを食べるの?

2文以上で

595
(パスタ屋さんで) What would you like to order?
何を注文しますか?

好きな料理をオーダー

596
自分の気分に合わせて2文以上で答えてみて

Where would you like to go for lunch today?
今日のランチはどこに行きたい?

2文以上で

Knock Test
Check! 🎧 Audio 147

上のトレーニングの音声は「ノック→ポーズ→回答例」の順となっていますが、このノックテストは「ノック→ポーズ」のみです。自分の回答をテンポよく答えてください。

▼ Model Replies

OK. That sounds good.

いいね。それにしましょう。

▶ 直訳では「よさそう」になるが、これは「それにしましょう」から「それでお願いします」などで広く使える定番表現。

I wish I could but I have plans today.

そうしたいのだけど、今日は予定があって。

▶ plansは複数形で言うと「予定」や「約束」を指す。ここではpromiseとは言わない。

Actually, spicy foods are not my favorite. But I can have some spicy foods.

実は辛いものはあまり得意ではなくて。でも、少しなら辛いものも食べられるよ。

▶ 珍味は exotic food。脂っこいものは greasy food。

I can eat almost anything. How about you?

ほとんどなんでも平気です。

I like spaghetti with cream-based sauces like carbonara. But I like to try all kinds of spaghetti.

カルボナーラのようなクリーム系のパスタかな。でもパスタならなんでも食べてみたい。

Everything looks good. But I'll have the mushroom risotto.

どれもおいしそう。でもマッシュルームリゾットにします。

Anywhere is fine with me. But we don't have a lot of time, so let's have something simple near the station.

どこでもいいよ。でもあまり時間がないから、駅の近くで簡単なものでも食べよう。

本番12 カフェでクイックランチ

レストランや食事の席などについて、Short Rally よりも内容が細かい食卓の
ノックが出てくるよ。頑張って。

🎧 Audio 148

Long Rally 12 往復

相手の問いかけ ------------► あなたの Reply

持ち合わせ場所に着いて……

597

Hi, there.
どうもどうも。

598

So what kind of restaurant should we go to today?
今日はどんなレストランに行こうか？

599

There's a good Italian restaurant in that department store. Is that OK?
あのデパートの中においしいイタリアンレストランがあるよ。いい？

お店に着いて……

600

You have the seat with the view.
景色が見える席をどうぞ。

601

I insist. And I don't like too much sunlight anyway.
いや、ほんとにどうぞ。あまり日光が得意ではなくて。

602

Everything on the menu looks good, doesn't it?
メニューの料理はどれもおいしそうだね。

603

Well, I'll have lasagna today. How about you?
私は今日はラザニアにしよっと。あなたは？

604

OK. Let's order. Can you call the waiter?
オッケー。オーダーしよう。ウェイターを呼んでくれる？

料理が届いて……

605

Here's our food... finally.
料理がきたよ。やっと。

606

OK. Let's begin. Bon appetite.
では、いただきます。ボナ・ペティ。

▶ Bon appetite. はフランス語で「召し上がれ」。

607

How's your spaghetti?
あなたのパスタはどう？

608

Mine's really good. Would you like a bite?
私のもとてもおいしいよ。ひと口食べてみる？

Knock Test
☑ Check! 🎧 Audio 149

上のトレーニングの音声は「ノック→ポーズ→回答例」の順となっていますが、この
ノックテストは「ノック→ポーズ」のみです。自分の回答をテンポよく答えてくださ
い。

▼ Model Replies

Hi, there.
どうもどうも。

Anywhere is OK with me.
私はどこでもいいよ。

Yeah. Italian is one of my favorites.
いいよ。イタリア料理が好きなんだ。

No. Go ahead. You have the seat with the view.
いえいえ。どうぞどうぞ。あなたが景色の見える席に座って。

Well, if you insist.
じゃあ、おことばに甘えて。

Yeah. I wonder what I'll have.
そうだね。私は何にしようかな。

Oh, everything looks so good. I'll have the gnocchi and gorgonzola.
どれもおいしそう。ニョッキとゴルゴンゾーラの料理にしよう。

Sure. Just a sec. "Sumimasen."
いいよ。ちょっと待ってね。すみません。

Mmm... both dishes look so good.
んー、どちらの料理もとてもおいしそう。

Let's begin. Bon appetite.
いただきます。ボナ・ペティ。

It's pretty good. How's yours?
わりとおいしいよ。あなたのは？

Oh, thanks. And Here. Have a bite of mine too.
ありがとう。では、これ。私のもどうぞ。

友だちのBBQパーティに参加する

 バーベキューパーティに招待されました。おみやげを持って参加しよう。まずは6往復のラリーから、どうぞ！ 🎧 Audio 150

Short Rally 6往復

相手の問いかけ ------------→ あなたのReply

---

609 BBQの会場に到着して……

Hi. I'm glad you came.

どうも。来てくれてくれしいよ。

610

You brought something for our barbecue? What is it?

バーベキューのために何か持ってきてくれたの？　何？

611

Oh, thanks. That's so sweet of you.

ありがとう。やさしいんだね。

612

Here. Take a plate and get some food.

はい、どうぞ。お皿を持って食べ物を取ってきて。

613

I already had a plate. The shrimp is great. But the mushrooms are so-so.

もうひと皿分食べたんだ。エビがおいしいよ。でもキノコはいまいちかな。

614

Enjoy.

楽しんで。

 Knock Test Check! 🎧 Audio 151　上のトレーニングの音声は「ノック→ポーズ→回答例」の順となっていますが、このノックテストは「ノック→ポーズ」のみです。自分の回答をテンポよく答えてください。

▼ Model Replies

Thanks for inviting me.
お誘いありがとう。

These are some cookies and traditional Japanese desserts. Here you go.
そう。クッキーと日本の伝統的なデザート。はい、どうぞ。

Oh, don't mention it. I hope you like them.
いいんだよ。気に入ってもらえるといいのだけど。

OK. How about you? Have you already eaten?
オッケー。あなたは？　もう食べたの？

Got it. Thanks for the advice.
わかった。アドバイスをありがとう。

Talk to you later.
また後でね。

609	610	611	612	613	614

本番 13 友だちの BBQ パーティに参加する

最後は片づけも手伝ってから帰りましょう。言い換え表現だけれど自然な「お疲れさま」を使ってエンディングも気持ちよく締めくくろう。 🎧 Audio 152

Short Rally 6往復　相手の問いかけ - - - - - - - - - → あなたの Reply

615 BBQ パーティが終わって……

Thanks so much for helping us clean up!

片づけを手伝ってくれてありがとう。

616

Well, it's been a long day.

お疲れさまでした。
（直）長い1日でしたね。

617

So how did you like the barbecue today?

今日のバーベキューはどうでした？

618

Did you get enough to eat at the barbecue?

バーベキューでお腹いっぱいになりましたか？

619

There's some extra chicken. Here. Take this home with you.

チキンが残っているんです。これ、どうぞ。家に持って帰ってください。

620

Some people are going out after this. Do you wanna go?

何人かはこのあと出掛けるのですが、一緒に行きますか？

Check! 🎧 Audio 153

上のトレーニングの音声は「ノック→ポーズ→回答例」の順となっていますが、このノックテストは「ノック→ポーズ」のみです。自分の回答をテンポよく答えてください。

146

パーティで落ち着いて会話ができるのは、始まって間もない最初のほうと
いちばん最後の時間だと思います。パーティのセットアップや片付けを手伝
える時間は、人と打ち解けるのにもってこいの機会です。

▼ Model Replies

Sure. I'm happy I could help.

もちろん。手伝えてうれしいです。

Yeah. It's been a long day.

ええ。お疲れさま。
（直）長い1日でしたね。

▶ It's been a long day. は「お疲れさま」の代わりに使える自然な英語定番表現。

It was fun. I spoke a lot of English today.

楽しかったです。今日は英語をたくさん話しました。

Yeah. I'm full.

ええ。お腹いっぱいです。

Oh, really? Well, thanks.

本当に？　ありがとうございます。

Well, I have to go home. I'll take a rain check.

えっと、家に帰らないといけないんです。また次の機会にぜひ。

▶ 一緒に出掛けられる場合は Yeah. That sounds fun.「ええ。楽しそうですね」などで。

本番13 友だちの BBQ パーティに参加する

 パーティで使える便利表現を日→英でトレーニングしよう。 Audio 154

よく使う表現　　　ノック - - - - - - - - - → あなたの Answer

621

どこに座ったらいい？

622

バーベキュー日和ですね。

623

どの料理がおすすめですか？

624

この飲み物、私の？

625

ナプキンを 1 枚もらえますか？

626

まぁ、やさしい。

627

日本にカンパイ！

628

これ、みなさんでどうぞ。

 Knock Test 上のトレーニングの音声は「ノック→ポーズ→回答例」の順となっていますが、この
Check! Audio 155　ノックテストは「ノック→ポーズ」のみです。自分の回答をテンポよく答えてください。

Coach's Advice nice、sweet、kindこれら3つとも「優しい」です。細かい使いわけはないので迷ったらどれか使えると考えてくださいね。アメリカで定番の「優しい」はniceかsweet。niceが普通でsweetはやや強調したニュアンス。

▼ Model Answers

Where should I sit?

It's a good day for a barbecue.
▶ goodのかわりにgreatやperfectなどと強調して言うこともある。barbecueの代わりにdoing the laundry「洗濯日和」などのように表現活用もできる。

Which dish do you recommend?

Is this my drink?
▶ もしくは飲み物の名前を使ってIs this my beer?などとも言う。

May I have a napkin?
▶ wet tissue（ウェットティッシュ）は、そのままでは通じない国や地域もあり、hand wipesやwipesもしくは商品名をそのまま言うこともある。

That's so sweet of you.

To Japan!
▶ カジュアルなカンパイの言いかたは「〜に」という意味でTo...。「家族に友だちに」はTo my family and friends! フルではHere's to my family and friends!

Here's something for everyone.

621	622	623	624	625	626	627	628

本番13 友だちの BBQ パーティに参加する

立食パーティなどでよくある会話をトレーニングしよう。ふたつの状況に応じてノックを返してみて。 🎧 Audio 156

よく聞かれる質問 ［ノック］ ┄┄┄┄┄┄┄▶ あなたの Reply

Do you drink?
お酒は飲みますか？

629 No.+ 1文で補足

630 Yes.+ 1文で補足

Which dish do you recommend at this barbecue?
バーベキューでどの料理がおすすめですか？

631 和食一品を すすめて

632 洋食一品を すすめて

How did you like that lobster?
あのロブスターはどうでした？

633 おいしいと すんなり 言える場合

634 あまりおいしく ないをソフト に答えて

Let's go somewhere after this.
この後どこか行かない？

635 誘いを 受ける

636 誘いを ソフトに 断る

✓ **Knock Test**
Check! 🎧 Audio 157

上のトレーニングの音声は「ノック→ポーズ→回答例」の順となっていますが、このノックテストは「ノック→ポーズ」のみです。自分の回答をテンポよく答えてください。

すべての問いかけに、2パターンの回答で練習。ひとつで十分と思うかもしれませんが、実際の会話ではどんな回答が返ってくるか未知数。日本語だって同じ。この会話に正解不正解の返答はありません。不正解とみなされるのは詰まってしまって、何も言わないことだけ。So speak up!

▼ Model Replies

No. So I'll just have iced tea.

いえ。だからアイスティーだけにしておきます。

Yeah. I'm not a heavy drinker but I enjoy a drink sometimes.

ええ。そんなにたくさんは飲まないけれど、お酒を飲むのは好きです。

The salmon is really good. It's cooked in a style called "Saikyo-yaki."

シャケがとてもおいしいですよ。西京焼きという調理法です。

The curry is pretty good. I'm not sure if you'll like it, but it's not that spicy.

カレーがわりとおいしいですよ。気に入るかどうかわからないけれど、そんなに辛くないですよ。

It was pretty good. I really liked the texture of the lobster meat.

わりとおいしいかったです。ロブスターの食感がとても気に入りました。

▶ 食感のことを texture と言う。

It had an unusual taste. It wasn't bad, but it wasn't my favorite.

変わった味でした。悪くはないけど自分の好みではありませんでした。

▶ 「おいしくない」は not delicious と言うと不自然。苦手なものを言うときは It's not... / It's wasn't my favorite. で。これは感じがよく、誰も嫌な気持ちにならないソフトに言える便利表現。

That sounds great.

そうしよう。

▶ That sounds good/great. は「そうしましょう」「それでお願いします」の定番の返事。

I wish I could but I have to go back home.

行きたいのだけれど、今日は帰らなくちゃ。

▶ 「帰る」は I will back home ではなく I will go back home.。

では、次はBBQパーティでみんなの前に登場するところから。12往復のラリーをやってみよう！　🎧 Audio 158

Long Rally 12往復　相手の問いかけ ------▶ あなたのReply

637　BBQの会場に到着して

Oh. You came. Hey everyone, look who's here.
来てくれたんだ。おーい、みんな誰が来たと思う？

638

I'm glad you came.
来てくれてくれしいよ。

639

We have beer, and wine, or orange juice or iced tea. Do you drink?
ビール、ワイン、オレンジジュースとアイスティーもあるよ。お酒は飲む？

640

OK. I'll be right back. Go ahead and mingle.
オッケー。すぐに戻るね。どうぞどうぞ。みんなと話してて。

641　飲み物が届いて

Here's your drink.
はい、飲み物をどうぞ。

642

To Japan!
日本に（カンパイ）！

643

Cheers!
カンパイ！

644

Oh, you brought something for our barbecue? What is it?
バーベキューのために何か持ってきてくれたの？　何？

645

Oh, thanks. That's so sweet of you.
ありがとう。やさしいんだね。

646

Here. Take a plate and get some food.
はい、これ。お皿を持って食べ物を取ってきて。

647

I already had a plate. The chicken is great. But the clams are just so-so.
もうひと皿分食べたんだ。チキンがおいしいよ。でも貝はいまいちかな。

648

Enjoy.
楽しんで。

 Knock Test　上のトレーニングの音声は「ノック→ポーズ→回答例」の順となっていますが、このCheck!　🎧 Audio 159　ノックテストは「ノック→ポーズ」のみです。自分の回答をテンポよく答えてください。

日本でも食べ物の話は盛り上がります。立食パーティやバーベキューパーティでは、人から質問されるのを待つのではなく、自分から得意なジャンルの話題を投げてみることがオススメです。食べ物だったら、Have you tried the chicken? など使えますね。

▼ Model Replies

Hi, everyone.
みなさん、こんにちは。

Thanks for inviting me.
お誘いありがとう。

Yeah, but I'm driving so I'll have iced tea.
ええ。でも運転があるので、アイスティーで。

OK. Thanks.
はい。ありがとう。

Thanks a lot.
どうもありがとう。

To Japan!
日本に！

Cheers!
カンパイ！

Yeah. These are some cookies and traditional Japanese desserts.
そう。クッキーと日本の伝統的なデザート。

Oh, don't mention it. I hope you like them.
いいんだよ。気に入ってもらえるといいのだけど。

OK. How about you? Have you already eaten?
オッケー。あなたは？　もう食べたの？

Thanks for the advice. I'll get some chicken.
アドバイスをありがとう。チキンをもらうよ。

Talk to you later.
また後でね。

自宅での食事に友だちを招待

あなたが手作りの和食を用意して、招待された僕が食卓についたところからこのラリーは進みます。和食についての質問を投げるので自分なりに説明してみて。

🎧 Audio 160

Short Rally 6 往復

相手の問いかけ → → → → → あなたの Reply

649
料理を食卓に並べて

Thank you for preparing all this wonderful Japanese food.

すばらしい和食を用意してくれてありがとう。

650

So where should I sit?

どこに座ったらいいかな？

651

Thanks. Looking at all this nice food makes me hungry.

ありがとう。このすてきな料理を見ているとお腹がすくね。

652

So, shall we begin?

では、いただきましょうか？

653

Mmm... I love this dish.

んー、これとっても好き。

654

What kind of *tempura* is this?

これはなんの天ぷら？

Knock Test
Check! 🎧 Audio 161

上のトレーニングの音声は「ノック→ポーズ→回答例」の順となっていますが、このノックテストは「ノック→ポーズ」のみです。自分の回答をテンポよく答えてください。

今回は僕がゲストとして座席の場所、そして食べるタイミングを主催者に合わせましたが、ゲストが望ましくない席に座ってしまったり、食べるタイミングを間違えてしまうこともよくあります。そんなときは Have a seat here. や Let's not start yet. などを使って、主催者として指示してくださいね。

▼ Model Replies

My pleasure. I hope you like these dishes.
どういたしまして。料理を気に入ってもらえるといいけれど。

How about here? It's called the "birthday seat."
ここはどう？ 「お誕生日席」と言います。

I hope we have enough.
足りるといいんだけど。

▶ このような気の利いたリプライも実は難しい単語を使わずに言える。I hope... は一般的に「〜と願う」の意味でだが、日本語の「〜かな」のニュアンスを出すこともできる便利な英語表現。

Yes. Let's begin. "Itadakimasu."
ええ。いただきましょう。いただきます。

That's one of my favorites too.
それは私も大好きな料理です。

It's a mushroom called *maitake*.
マイタケというキノコですよ。

和食や自分の用意した料理を一緒に食べるときの表現を日→英でトレーニングしよう。　🎧 Audio 162

よく使う表現　ノック ----→ あなたの Answer

---

655 ビルドアップでチャレンジ

日本ではみんな「いただきます」と言います。

656

日本では誰もが食べる前に「いただきます」と言います。

657

日本では誰もが食べる前に「いただきます」と言います。
それはお祈りのような一言です。

658

何を飲みますか？

659

緑茶はいかがですか？

660

お味はどうですか？

661

味つけはどうですか？

662

お醤油をちょっとつけるとおいしいですよ。

 Knock Test　Check!　🎧 Audio 163　　上のトレーニングの音声は「ノック→ポーズ→回答例」の順となっていますが、このノックテストは「ノック→ポーズ」のみです。自分の回答をテンポよく答えてください。

Coach's Advice 日本では靴を脱ぐことやお箸を使うなどということよりも、みんなが揃ってから一斉に食事を始めるという習慣があまり知られていません。これはとても重要なことなので、ぜひ相手に伝える表現を覚えて使ってね。

▼ Model Answers

In Japan, people say "Itadakimasu."

In Japan, before anyone eats, people say "Itadakimasu."

In Japan, before anyone eats, people say "Itadakimasu." It's like a one word prayer.

What would you like to drink?

▶ ノックNo.309の復習です。

Would you like some green tea?

How do you like the taste?

▶ 「お口に合いますか？」もこの表現でカバーできる。そして「〜はどう？」には How about... ？より How is... ？か How do you like... ？がよい。

How do you like the seasoning?

It's good with a little soy sauce.

では、和食について聞きます。最初はおおまかにひとこと、次に補足をプラスして説明してみて。 🎧 Audio 164

よく聞かれる質問 　　ノック　------------▶ あなたの Reply

663
　　　　　　　　　　　　　　　　　　　　大きな概念で1文

（天ぷらを指しながら）
What's this dish?
この料理は何ですか？

664
　　　　　　　　　　　　　　　　　　　　プラス補足で1文

665
　　　　　　　　　　　　　　　　　　　　大きな概念で1文

（豚汁を指しながら）
What's this soup?
このスープは何ですか？

666
　　　　　　　　　　　　　　　　　　　　プラス補足で1文

667
　　　　　　　　　　　　　　　　　　　　大きな概念で1文

（大根の漬物を指しながら）
What's this dish?
この料理は何ですか？

668
　　　　　　　　　　　　　　　　　　　　プラス補足で1文

キッチン道具について

669
　　　　　　　　　　　　　　　　　　　　大きな概念で1文

（炊飯器を指しながら）
What's this machine?
この機械は何ですか？

670
　　　　　　　　　　　　　　　　　　　　プラス補足で1文

Knock Test
Check! 🎧 Audio 165
上のトレーニングの音声は「ノック→ポーズ→回答例」の順となっていますが、このノックテストは「ノック→ポーズ」のみです。自分の回答をテンポよく答えてください。

Coach's Advice ここでも、*p*.112「街を観光案内する」で紹介した**Big To Small テクニック**が使えます。使っている具材や調理方法、味つけなどについて詳細な説明ではなく、会話として自分の言いたいポイントをスムーズに言うことができたら good.。

▼ Model Replies

It's a fried vegetables and fish.

野菜や魚をフライにしたものです。

And I like to add curry spice to the batter.

私は衣をカレー風味にするのが好きです。

It's a healthy pork and vegetable soup.

ヘルシーな豚肉のスープです。

And the broth is made from a soybean paste called *miso*.

スープは味噌という大豆のペーストを使っています。

▶ broth は肉、野菜、魚などを煮出したスープのこと。broth の発音ヒントは［ブ**ラ**ウス］。

It's pickled vegetable.

野菜の漬物です。

▶「ピクルス」はハンバーガーなどに入っている酢漬けの緑色の漬物を指す。日本の漬け物を言いたいときは pickled-... を使う。

It's a vegetable called *daikon*.

大根という野菜です。

▶ さらに補足する場合は→ It might be a little salty.「ちょっとしょっぱいかもしれません」。

This is a very useful kitchen item in Japan.

日本のとても便利な料理道具です。

It makes perfectly boiled rice automatically.

自動でおいしいお米が炊けます。

▶ rice cooker とひとことで説明できてしまうこともあるかもしれないが、具体的な内容を説明できるとさらに good。

本番 14 自宅での食事に友だちを招待

あなたの自宅で、僕が和食をごちそうになります。盛りつけ（presentation）をほめたり、料理について聞いたりするね。

🎧 Audio 166

Long Rally 11 往復

相手の
問いかけ
- - - - - - - - - - - - →
あなたの
Reply

671

It looks delicious.

おいしそう！

672

The presentation of Japanese food is wonderful.

日本料理の盛り付けは素晴らしいですね。

673

OK. Let's begin.

では、食べましょう。

674

"Itadakimasu." Mmm... I like this taste and texture. What kind of *tempura* is this?

いただきます。んー、この味と食感が好きです。これは何の天ぷらですか？

675

And what kind of *tempura* is that?

それから、あれは何の天ぷらですか？

676

I'll try these pickled-vegetables. What's this one?

この野菜の漬物を食べてみますね。これは何ですか？

677

Mmm... it's good.

んー、おいしい。

678

You are good cook.

料理が上手ですね。

679

Do you like to cook?

料理好きなんですか？

680

This Japanese soup smells good. What is it?

この和風スープ、いいにおい。これは何ですか？

681

Oh. I wish I could have this everyday.

毎日でも食べたいです。

Knock Test

🎧 Audio 167

上のトレーニングの音声は「ノック→ポーズ→回答例」の順となっていますが、このノックテストは「ノック→ポーズ」のみです。自分の回答をテンポよく答えてください。

Coach's Advice 日本の食べ物をうまく説明してみよう。日本語で説明する感覚だと難しい言葉が浮かんでしまって、その英訳を調べても相手にわかりやすい説明になるとは限らない。だから道案内と同じように、最初から詳しく説明しようとしないで大丈夫。すぐに返せるおおまかな説明で伝えてみよう。

▼ Model Replies

Oh, thanks. Well, I hope you like these dishes.
ありがとう。料理を気に入ってもらえるといいんだけど。

Yeah, presentation is one important part of Japanese cuisine.
そうですね。盛り付けは日本の食文化の大切な一部です。

In Japan, before anyone eats, people say "Itadakimasu." It's like a one-word prayer.
日本では誰もが食べる前に「いただきます」と言うんですよ。それはお祈りのような一言です。

It's a mushroom called *maitake*.
マイタケというキノコです。

It's a vegetable called *renkon*.
レンコンという野菜です。

That's a vegetable called *daikon*.
ダイコンという野菜です。

I'm glad you like these typical Japanese dishes.
代表的な和食を気に入ってもらえてうれしいです。

Well, I'm pretty good. But my mother was a much better cook.
得意なほうですけど、私の母のほうが上手でしたよ。

Sometimes. But I prefer to eat. Hahahaha....
ときどきは。でも食べるほうが好きです。ハハハ……。

It's a healthy pork and vegetable soup called *tonjiru*. *Ton* means pig. *Jiru* means soup. It has pork and some vegetables.
豚汁というヘルシーな豚肉と野菜のスープです。「トン」が豚、「ジル」がスープという意味で、豚肉と野菜が入っています。

I'll make it for you anytime. And I'll give you the recipe.
いつでも作ってあげますよ。レシピもさしあげます。

671　672　673　674　675　676　677　678　679　680　681

では2/3くらいのノックを達成したのでLet's have a drink! ここでは仕事の後の一杯を想定して、バーで今日の疲れをねぎらう会話をラリーしてみよう。 🎧 Audio 168

Short Rally 6往復

相手の問いかけ ---------→ あなたの Reply

682 ── バーのカウンターに着席して

Shall we start with a beer?

まずは、ビールからにしましょうか。

683

OK. Could you tell the bartender? I don't speak Japanese.

わかりました。バーテンダーに伝えてもらえますか。日本語を話せないので。

684 ── 飲み物がきて

Well, here's to another good day at work.

では、おつかれさま。
（直）今日も仕事が無事に終わったことに。

685

Cheers!

カンパイ！

686

Let's get some finger food. What would you like?

おつまみを注文しましょう。何がいいですか？

687

OK. I'd like some Japanese finger food too. What Japanese snack food goes with beer?

いいですね。私も日本のおつまみがいいです。日本のスナックでビールに合うものは何ですか？

Knock Test
Check! 🎧 Audio 169

上のトレーニングの音声は「ノック→ポーズ→回答例」の順となっていますが、このノックテストは「ノック→ポーズ」のみです。自分の回答をテンポよく答えてください。

▼ Model Replies

Actually, I think I'll have a glass of red wine.

やっぱり私は赤ワインにしようと思います。

▶ Actuallyは「実は」という意味ばかりではなく、会話の流れをソフトにするのに大活躍。「やっぱり」の意味にもなる。

Sure. No problem. Just a sec. "Sumimasen."

もちろん。いいですよ。ちょっと待ってくださいね。すみません。

To another good day at work.

おつかれさま。

▶ 返すときにはこのようにHere'sを省略することが多い。

Cheers!

カンパイ。

Anything is OK with me. How about a cheese plate?

何でもいいですよ。チーズの盛り合わせなんてどうでしょう。

Oh, there are so many things! I'll order for us.

たくさんありますよ。私が注文しますね。

本番15 仕事帰りにバーで一杯

お酒の席で注文した後のスモールトークは必須。そのきっかけになる表現や、お酒を楽しむ定番の表現をマスターしよう。 🎧 Audio 170

よく使う表現　　ノック --------------> あなたの Answer

688

やっぱり私は赤ワインにしようと思います。　

689

（カンパイのひとこと）
では、今日も仕事おつかれさま！　

690

まずはビールからにしましょうか。　

691

おつまみを注文しましょうか。　

692

次は何にしましょうか？　

693　スモールトークのきっかけになる表現

普段は何を飲みますか？　

694

仕事はどうですか？　

695

日本酒を試したことはありますか？　

✓ **Knock Test** Check! 🎧 Audio 171　上のトレーニングの音声は「ノック→ポーズ→回答例」の順となっていますが、このノックテストは「ノック→ポーズ」のみです。自分の回答をテンポよく答えてください。

Coach's Advice　ここで表現を少し整理しましょう。「〜しない?」「〜しましょうか?」と相手にすすめるニュアンスの表現は Why don't we... ?。一方 Shall we...? は少しだけすすめるニュアンスを含みつつも丁寧に聞くときの表現。日本の敬語ほど厳しい使い分けではないけれど整理しておこうね。

▼ Model Answers

I think I'll have a glass of red wine.

▶ I think... やactuallyを使うことで日本語の「やっぱり」のようなニュアンスになる。

Here's to another good day at work!

▶「お疲れさま」とまったく同じ意味ではないが、似たようなタイミングでよく使う定番のカンパイフレーズ。

Shall we start with a beer?

Shall we get some finger foods?

▶ 応用表現：Shall we sit at the bar?「バー（カウンター）に座りましょうか?」

What shall we have next?

▶ What shall we...? やWhat should we...?が相談をもちかけるときの丁寧表現。

What do you usually drink?

▶「普段は」だけでなく「いつもは」もusuallyで。What do you always drink/eat?とはあまり言わないのでusuallyのほうがよい。

How's work?

▶ 応用表現：How's your family?「ご家族はどうですか?」

Have you ever tried Japanese sake?

688	689	690	691	692	693	694	695

本番 15 仕事帰りにバーで一杯

 一緒にお酒を飲む相手は友だちかもしれないし、会社の同僚、もしかすると取引先のお客さんなんてこともありそうですね。自分なりに会話してみて。

🎧 Audio 172

よく聞かれる質問 ノック ----------▶ あなたのReply

696

Shall we start with a beer?
まずはビールからにしましょうか？

697

What do you usually drink?
普段は何を飲みますか？

So what drink shall we have next?
次の飲み物は何にしましょうか？

698 任せると返事して

699 好みの飲み物をリクエスト

700

How was your day today?
今日はどうでしたか？

How's your family?
ご家族はいかがですか？

701 「元気です」＋家族の一名について1文で

702 「元気です」＋みんな相変わらずを1文で

 Knock Test Check! 🎧 Audio 173　上のトレーニングの音声は「ノック→ポーズ→回答例」の順となっていますが、このノックテストは「ノック→ポーズ」のみです。自分の回答をテンポよく答えてください。

Coach's Advice 「あなたのいいように」や「お任せします」と言いたいときは、It depends on you. とは言いません。 正しくは It's up to you. さらに強調するなら It's totally up to you. で。

▼ Model Replies

That sounds good. Wait... Sorry... Actually, I think I'll have a glass of wine.

いいですね。待って……すみません。やっぱり私はワインにしようと思います。

At home, I have a beer with dinner or after my evening bath. On the weekends, I like to have Scotch.

家では、夕食のときかお風呂あがりにビールを飲みます。週末はスコッチを飲むのが好きです。

It's up to you. What would you like next?

お任せします。あなたは何にしたいですか？

I think I'll have a Scotch on the rocks. How about you?

スコッチのロックにしようと思います。あなたは？

▶ このように飲み物には冠詞の a があってもなくてもどちらも自然な表現。

It was the same as everyday, but I got a lot of things done today. How about you?

いつもと変わらないけれど、今日はたくさんのことが片づきました。あなたは？

Good. My son is busy preparing for an important entrance exam.

元気です。息子が大事な入学試験の準備で忙しくしています。

Good. Everyone's doing their thing. How about you?

元気です。みんな自分のことをやっていますよ。あなたは？

▶ Nothing has changed. 「相変わらずです」とそのまま言ってもOK。

本番15 仕事帰りにバーで一杯

Let's have a drink and chat. 家族や今日の出来事についてのスモールトークもうまく返して、僕とのこの12往復も最後までがんばって。

🎧 Audio 174

Long Rally 12往復

相手の問いかけ ---------------------→ あなたのReply

相手が待ち合わせ時間に遅れて

703
Oh! I'm sorry I'm late.
おっと！　遅れてすみません。

704
Shall we start with a beer?
まずはビールからにしましょうか。

705
OK. Could you tell the bartender? I don't speak Japanese.
わかりました。バーテンダーに伝えてもらえますか。日本語を話せないので。

706
And, shall we get some finger food? What would you like?
おつまみを注文しましょうか。何がいいですか？

707
Oh, I'd like that green Japanese bean... It's a snack.
そうですねぇ。私は緑色の日本のマメの……おつまみで……。

注文が終わってスモールトークへ

708
So how was your day today?
それで、今日はどうでしたか？

709
I had a good day at the office. Do you drink with your co-workers often?
今日は会社でいい1日でした。会社の仲間とはよく飲んだりしますか？

710
Oh, here are our drinks.
お、飲み物が来ましたよ。

711
So here's to another good day!
では、おつかれさま！

712
So how's your family?
それで、ご家族はいかがですか？

713
My sister just lost her job, actually.
実は、妹（姉）が失業してしまって。

714
Well, let's hope the economy gets better around the world. Cheers!
まぁ、世界中の景気がよくなるように願いましょう。カンパイ！

Knock Test
Check! 🎧 Audio 175

上のトレーニングの音声は「ノック→ポーズ→回答例」の順となっていますが、このノックテストは「ノック→ポーズ」のみです。自分の回答をテンポよく答えてください。

人と食事しながら時間を過ごすときに、How is/was...？か Tell me about... の問いかけをしてみてください。例えば、How was your day? や Tell me about your summer vacation. など。そして How is your family? と Tell me about your family. も同じように使えます。

▼ Model Replies

No problem. I haven't been wait that long.
大丈夫ですよ。そんなに長く待っていませんし。

Actually, I think I'll have a glass of red wine.
やっぱり私は赤ワインにしようと思います。

Sure. No problem. Just a sec. "Sumimasen!"
もちろん。いいですよ。ちょっと待ってくださいね。すみません。

Anything is OK with me. How about a cheese plate?
なんでもいいですよ。チーズの盛り合わせなんてどうでしょう。

I think you mean *edamame*. I'll order that.
枝豆のことじゃないですかね。注文しますね。

Oh, it was the same as everyday, but I got a lot of things done. How about you?
いつもと変わらないけれど、今日はたくさんのことが片づきました。あなたは？

Sometimes. We get together for special occasions, like New Years, year-end parties or farewell parties.
ときどき。特別なときに集まるんです。新年会や忘年会、それから送別会のようなときですね。

Yeah. This one's mine. And this is yours. Here.
そうですね。これが私で、これがあなたのですね。はい、どうぞ。

To another good day!
おつかれさま！

Good. My son is busy preparing for an important entrance exam.
いいですよ。息子が大切な入試の準備で忙しくしています。

Oh. I'm sorry to hear that.
それは、残念です。

Cheers! Yeah. Let's hope so.
カンパイ！そうですね、そうなるといいですね。

テレポトレーニング ▶▶▶▶ 参加に登録する

ノック	回答例

715

Good morning?
おはようございます。

※ Good morning.

716

I'll register you.
登録しますね。

※ Thanks.

717

First name?
名前は？

※ Kei.

718

Spelling?
スペルは？

※ K-E-I.

719

Last name?
苗字は？

※ Saito.

720

Spelling?
スペルは？

※ S-A-I-T-O.

721

Any nickname?
ニックネームはありますか？

※ No. / Just Kei.

722

OK. What year were you born?
生まれた年は？

※ 1978.

723

What month?
何月？

※ May.

724

What date?
何日？

※ Twenty-third.

725

And your age?
年齢は？

※ Thirty-six.

726

What country were you born in?
生まれた国は？

※ Japan.

☑ Knock Test
Check!
🎧 Audio 177

715	716	717	718	719	720	721	722	723	724	725	726

170

旅行先でのツアーの申し込みや、ボランティアやセミナーの申し込みを想定して以下のノックにテンポよく一気に答えて。24 ノック続けていきます。　🎧 Audio 176

ノック	回答例
727 **What city?** 町は？	※ Chiba.
728 **Sorry. Would you say that again?** すみません。もう一度いいですか？	※ Oh, sure. Chiba.
729 **OK. What country do you live in now?** わかりました。今は住んでいる国はどこですか？	※ Japan.
730 **What city do you live in now.?** 今住んでいる町は？	※ Osaka.
731 **What's the address?** 住所は？	※ 1-1 Senbondani-Cho, Yamakawa-Shi, Osaka.
732 **OK. Are you in good health?** わかりました。健康ですか？	※ Yes.
733 **Do you have any serious illnesses?** 何か大きな病気を持っていますか？	※ No.
734 **Are you taking any special medicine?** 何か特別な薬を使っていますか？	※ No.
735 **How tall are you?** 身長は？	※ About 160 centimeters.
736 **How much do you weigh?** 体重は？	※ About 50 kilograms.
737 **Eye color?** 目の色は？	※ Black. / Brown.
738 **Hair color?** 髪の色は？	※ Black. / Brown.

➡ 最後に……シャッフルノック（少しテンポも早くなるよ）

☑ **Knock Test** | 727 | 728 | 729 | 730 | 731 | 732 | 733 | 734 | 735 | 736 | 737 | 738 |

英語で数字をサッと言えるようになろう。計算して答えを言うノックと数字を答えるノックを投げるよ。 🎧 Audio 178

ノック	Answer
739 **What's 10 plus 30?**	**40**
740 **What's 70 plus 30?**	**100**
741 **What's 50 plus 50?**	**100**
742 **What's 15 plus 50?**	**65**
743 **What's 10,000 plus 50,000?**	**60,000**
744 **What's 150,000 minus 10,000?**	**140,000**
745 **About how much is an airplane ticket from Tokyo to Hawaii in Japanese yen?** 東京からハワイまでの航空券はおよそいくらくらいですか？	※ About 80,000 yen .
746 **About how much is lunch at a typical restaurant in Japan?** 日本のレストランでのランチはおよそいくらくらいですか？	※ About 1,000 yen.
747 **And, about how much is 1,000 yen in American dollars?** 1000円はアメリカドルでおよそいくらくらいですか？	※ About 10 dollars.
748 **About how much is 10,000 yen in American dollars?** 10,000円はアメリカドルでおよそいくらくらいですか？	※ About 100 dollars.
749 **What's 15% of 20 dollars?** 20ドルの15%は？	**3 dollars.**
750 **What's 15% of 50 dollars?** 50ドルの15%は？	**7 dollars and 50 cents.**

Chapter 5

海外旅行の
お決まり本番
Travel

基礎準備 旅行の必須会話セット　(→ *p.*174)

本番 12 空港からタクシーに乗るまで　(→ *p.*178)

本番 13 ホテルのでの会話　(→ *p.*188)

本番 14 カフェとショッピングを楽しむ　(→ *p.*196)

本番 15 **突撃** 海外でのトラブル回避術　(→ *p.*204)

Speed Challenge　(→ *p.*218)

旅行の必須会話セット

Unit 1 「すみません」的表現をすっきり整理 日→英

Coach's Advice　「すみません」には役割がたくさんある。お礼の「すみません」、声をかけるときの「すみません」など、サッと言えるようになろう。

🎧 Audio 180　　　　　　　　　　　　　　▼しおり

751

（親切にされて）
すみません。

Thanks.
▶ 親切にされたときの「すみません」はI'm sorry. ではなくThanks. で。

752

（忘れ物を届けてくれるなどの大きな親切に対して）
どうもすみません。

Thanks a lot.
▶ ちょっとしたものを渡してもらうなどの小さな親切はThanks. で、大きな親切に対してはこれ。十分にていねい。

753

（道をあけてくださいの）
すみません。

Excuse me.

754

（人に声をかけるときの）
すみません。

Excuse me.
▶「ちょっといいですか」などのニュアンスを出すには最初のEの［エ］の音を強調してのばす。

755

（ごめんくださいの）
すみませーん。

Excuse me.
▶ Meの［ミー］でのばす。相手が近くにいる状況では、音をのばさなくてもわかるはず。

☑ **Knock Test** 🎧 Audio 181
ノックテストは「問いかけ→ポーズ」のみの音声です。
自分の回答をテンポよく答えてください。

751	752	753	754	755

Unit **2** Thanks & Sorry合戦 日→英 英→英

Coach's Advice

 Audio 182

謝りの具合によってSorry.の表現方法を変えられるようになろう。そして後半は旅行の定番会話のひとつ連続Thanks.を言うQuick Rallyにチャレンジ。

▼しおり

756
（ちょっと謝るときの）
すみません。

Sorry about that.

▶ 親切にされたときの「すみません」はThanks.で、ミスをしたときの「すみません」はsorryを使う。

757
（さらに深く謝るとき）
申し訳ありません。

➡ **I'm so sorry about that.**

758
（軽く）
あ、ごめん。

Oh, sorry.

➡ ▶ 日本語の「ゴメン」ほどカジュアルではないので普通に使ってOK。

759
（取りこみ中の人に声をかけるときに）
恐れ入ります。

➡ **Sorry to bother you.**

760
（なんども呼び出して）
たびたびすみません。

➡ **Sorry to bother you again.**

買い物や食事によくあるシーンで、Thanks.またはThanks a lot.を返す練習をしてみよう。テキストを見ないで、音だけを聞いて返すタイミングもゲットしよう。

761 **Quick Rally** 旅行先での連続Thanks.をテンポよく返してみよう。

OK. Here is your receipt. ➡ 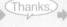 ➡ **Have a nice day.** ➡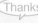

762
OK. Here's your receipt. ➡ Thanks. ➡ **Have a nice day.** ➡ Thanks.
Enjoy your vacation. ➡ Thanks. ➡
Oh, don't forget your shopping bag! ➡ Thanks a lot.

763
Here's your salad. ➡ Thanks. ➡ **And dressing.** ➡ Thanks.
And some chop sticks for you. ➡ Thanks a lot. ➡
Enjoy. ➡ Thanks.

Knock Test
Check!
 Audio 183

756	757	758	759	760	761	762	763

要求をていねいに伝える超便利表現 日▶英
May I have ＋欲しいもの

Coach's Advice 欲しいもの＋pleaseは乱暴に「これ、くれ」のように聞こえてしまうことがある。それを卒業して May I have...? のパワーフレーズを使えるようになろう。

🎧 Audio 184

▼しおり

764

これをいただけますか？ ➡️

May I have this?

▶ 遠くにあるものを指すときは、May I have that? ＋指差しで。レストランなどで「隣の人が召し上がっているのをください」などのように使える。

765

ひとつください。 ➡️

May I have one?

▶ ふたつほしいときは May I have two?「ふたつください」。Two, please. より感じがよい。

766

（洋服屋さんなどで）
もっと小さいサイズをください。 ➡️

May I have a smaller size?

▶ 大きいサイズを聞くときは May I have a bigger size?

767

お代わりをください。 ➡️

May I have some more?

768

このホテルの名刺をください。 ➡️

May I have this hotel's business card?

769

毛布をください。 ➡️

May I have a blanket?

770

安くしていただけますか？ ➡️

May I have a discount?

▶ Discount, please. でも通じるがちゃんと言う場合はこれ。

---

771 **Quick Rally**

May I have...?
を使って

Hi. ➡️ (Hi.) ➡️ **What would you like today?** ➡️
OK. Just a moment. ➡️ (Sure.) ➡️ **Here you are.** ➡️ (Thanks.)

☑️ **Knock Test**
Check!

764	765	766	767	768	769	770	771

🎧 Audio 185

Unit 4 要求をていねいに伝える超便利表現 日→英
May I have ＋欲しい情報

Coach's Advice May I have... ?はものや要求だけでなく、情報を尋ねることもできる。教えてほしい情報を丁寧に質問できるように頑張って。

🎧 Audio 186　　　　　　　　　　　　　　▼しおり

772

次のバスの時間を教えていただけますか？

➡ **May I have the time for the next bus?**

773

次のショウの時間を教えていただけますか？

➡ **May I have the time for the next show?**

774

私のチェックアウトの時間を教えていただけますか？

➡ **May I have the time for my check-out?**

775

（航空券を差し出しながら）
私のフライトは何時かおわかりですか？

➡ **May I have the time for my flight?**

776

ホテルの住所を教えていただけますか？

➡ **May I have the hotel's address?**

777

これとこれで合計いくらになりますか？

➡ **May I have the total for this and this?**

778

お名前を教えていただけますか？

➡ **May I have your name?**
　▶ What's your name?より丁寧。

779

メールアドレスを教えていただけますか？

➡ **May I have your email address?**
　▶ 営業時間を聞くときはoperating hoursで聞くとよい。What time do you close?などもOK。

☑ **Knock Test**
Check!
🎧 Audio 187

772	773	774	775	776	777	778	779

本番16 空港からタクシーに乗るまで

 最初は日本から外国に出かける際に欠かせない入り口、入国管理局でのショートラリーから。僕が入国審査官になってノックを打つよ。 🎧 Audio 188

Short Rally 7 往復　　相手の問いかけ ----------▶ あなたのReply

780 入国管理局にて

How are you today?
今日は調子はいかがですか？

781

Good, thanks. May I have your passport, please?
いいです。ありがとう。パスポートをお願いします。

782

So where did you come from today?
それで、今日はどこから来たのですか？

783

How many days are you staying in the U.S.?
アメリカ合衆国には何日間滞在しますか？

▶ アメリカのことはU.S.Aではなくthe U.S.と言うのが一般的。Theをつけるのを忘れないように。

784

Are you here on a business trip?
ここへは出張で来たのですか？

785

What kind of job do you have in Japan?
日本ではどのような仕事をしていますか？

786

Did anyone help you pack your suitcase or did you pack yourself?
荷造りは誰かに手伝ってもらいましたか、それともひとりでやりましたか？

Knock Test
Check! 🎧 Audio 189

上のトレーニングの音声は「ノック→ポーズ→回答例」の順となっていますが、このノックテストは「ノック→ポーズ」のみです。自分の回答をテンポよく答えてください。

▼ Model Replies

Good. Thank you. How are you, sir?

いいですよ。ありがとうございます。あなたはいかがですか?

▶ 文末に sir をつけるとていねい度が増す。警察などの officer「役人」によく使う。相手が女性のときは ma'am。

Here you are.

はい。どうぞ。

From Japan. From Osaka.

日本です。大阪からです。

I'm gonna stay for just four days.

4日間だけ滞在します。

No. I'm visiting some friends in New York.

いいえ。ニューヨークの友人を訪ねに行きます。

I don't work now. I'm retired. I used to work for a computer company.

今は働いていません。定年しました。以前はコンピューターの会社で働いていました。

I packed everything myself.

全部ひとりで荷造りしました。

▶ 特に税関でよく聞かれる質問。

本番 16 空港からタクシーに乗るまで

 空港を突破しても、そこからさらに移動しなくてはいけません。ではタクシー乗り場で列に並びましょう。Let's do two Short Rallies.

🎧 Audio 190

Short Rally 5往復

相手の問いかけ ------------▶ あなたの Reply

同じ飛行機に乗っていた人とタクシー乗り場で

787

I had a long flight today. How about you?
今日は長いフライトでした。あなたは？

788

Is this your first time here?
ここに来るのは初めてですか？

789

Oh. Here's the next taxi. Go ahead.
おっと。次のタクシーが来ましたよ。お先にどうぞ。

790

Have a nice vacation.
よいバケーションを。

791

B'bye.
では。

Short Rally 5往復

相手の問いかけ ------------▶ あなたの Reply

タクシードライバーとの会話：ABC ホテルに行きたいと伝えてから行き方とおよその料金を確認しましょう

792

Good afternoon. Where are you going today?
こんにちは。今日はどちらまで行かれますか？

793

Of course. I know that place very well.
もちろんです。その場所はよく知っています。

794

It would be about 40 dollars, depending on the traffic.
交通状況によりますが、40 ドルくらいになります。

795

I'll put your bags in the trunk.
トランクにかばんを入れますね。

796

Let me open the door for you.
ドアをお開けしますね。

 ✓ Check! 🎧 Audio 191 **Knock Test** 上のトレーニングの音声は「ノック→ポーズ→回答例」の順となっていますが、このノックテストは「ノック→ポーズ」のみです。自分の回答をテンポよく答えてください。

Coach's Advice 海外にまで行って、単なる観光客としての会話しかしないのはもったいないですね。。ここで少し練習すれば近くにいる人と何往復の会話ができるようになるはず。そして、タクシーに乗るときには、必ず行きかたと、およその料金を確認してから乗りましょう。

▼ Model Replies

Yeah. Me too. I feel sleepy.
ええ。私もです。眠いです。

No. This is my third time. I hope it will be the best time.
いいえ。今回で3回目です。今回がいちばん楽しめるといいなと思っています。

Really? Thanks a lot.
本当ですか？　どうもありがとうございます。

You too. Thanks.
あなたも。ありがとう。

B'bye.
では。

▼ Model Replies

I'd like to go to the ABC Hotel. Do you know the way?
ABCホテルに行きたいのですが。行きかたを知っていますか？

OK. About how much would it be?
わかりました。いくらくらいになりますか？

OK. Let's go.
わかりました。行きましょう。

Thanks a lot.
ありがとうございます。

Oh. Thanks.
ありがとう。

787	788	789	790	791	792	793	794	795	796

本番 16 空港からタクシーに乗るまで

乗ってからでは遅い。必ずタクシーに乗り込む前に下の３ステップをマスターしよう。

🎧 Audio 192

よく使う表現

ノック - - - - - - - - - - - - - - ▶ あなたの Answer

797 タクシーに乗る前の必須確認３ステップ

[Step1] ABC ホテルに行きたいのですが。

798

[Step2] 行きかたはわかりますか？

799

[Step3] いくらくらいになりますか？

800 ３ステップで空港まで

XYZ空港に行きたいのですが。行きかたはわかりますか？
そしていくらくらいになりますか？

801 ３ステップでショッピングモールまで

リンカーン・ショッピングモールに行きたいのですが。行きかたはわかりますか？　そしていくらくらいになりますか？

802 **Quick Rally** ABC Museum に行きたいとタクシードライバーに話しかけて。

 ➡ **OK. No problem.** ➡ ➡

Yes. Of course. ➡ 　 ➡ **About 40 dollars.**

803

クレジットカードは使えますか？

804

電話番号の入った名刺をいただけますか？

▶ 気に入ったドライバーであれば、また呼び出せるようにこのように名刺をもらっておくと便利。
待ち合わせは降ろしてもらった場所を利用するとミスがなくてよい。

 Knock Test
Check! 🎧 Audio 193

上のトレーニングの音声は「ノック→ポーズ→回答例」の順となっていますが、このノックテストは「ノック→ポーズ」のみです。自分の回答をテンポよく答えてください。

Coach's Advice Can I... ？ と May I...？ このふたつはカジュアルか丁寧かという表現の違いもありますが、もうひとつ大事な違いがあります。可能かどうか、ルールとしてできるかどうかのときは Can I... ？を使います。例えば、Can I take a picture here? など。

▼ Model Answers

I'd like to go to the ABC Hotel.

Do you know the way?

▶ Do you know how to get there? もよく使う。

About how much would it be?

▶ About how many minutes will it take from here? 「ここから何分くらいで着きますか？」も覚えておくと便利。

I'd like to go to the XYZ airport. Do you know the way? And about how much would it be?

I'd like to go to the Lincoln Shopping Mall. Do you know the way? And about how much would it be?

I'd like to go to the ABC museum. ➡ わかりました。大丈夫ですよ。
➡ **Do you know the way?** ➡ はい。もちろん。 ➡
About how much would it be? ➡ 40 ドルくらいです。

Can I use my credit card?

May I have a business card with your phone number?

本番16 空港からタクシーに乗るまで

 入国管理局やタクシーの中など、外国からやってきたお客さんによく聞かれる質問にチャレンジしよう。

🎧 Audio 194

よく聞かれる質問　　ノック ----------▶ あなたのReply

Are you here on a business trip?
ここへは出張で来たのですか？

805 Yes.+1文で補足

806 No.+1文で補足

What kind of job do you have in Japan?
日本ではどのような仕事をしていますか？

807 仕事について話して

808 定年退職したときのことを答えて

Where did you come from today?
今日はどこから来ましたか？

809 日本から直行便で来たと伝えて

810 韓国から乗り継いで来たと伝えて

タクシーなどの中で

Are you warm enough?
暖かさは十分ですか？

811 Yesの場合

812 Noの場合

Knock Test
Check! 🎧 Audio 195

上のトレーニングの音声は「ノック→ポーズ→回答例」の順となっていますが、このノックテストは「ノック→ポーズ」のみです。自分の回答をテンポよく答えてください。

Coach's Advice
よく聞かれる質問には自分の得意な回答を作ってください。僕も、「どこで日本語覚えたの?」と年に数十回聞かれます。だから情報としてだけではなく少しだけ気の利いた返事ができるようにしました。特に自分の仕事については皆さんも気の利いた回答を準備しておくといいですよ。

▼ Model Replies

Yes. I'm attending a conference in Texas.
そうです。テキサスで行われる会議に出席します。

No. I'm visiting some friends in New York.
いいえ。ニューヨークの友人を訪ねに行きます。

I work for a company called Sukiyaki Exports. I help with sales.
スキヤキエクスポートと言う会社で働いています。営業をやっています。

I don't work now. I'm retired. I used to work for a computer company.
今は働いていません。定年しました。以前はコンピューターの会社で働いていました。

From Japan. From Haneda Airport in Tokyo.
日本からです。東京の羽田空港からです。

From Seoul Korea. I started in Japan and I transferred in Seoul.
韓国のソウルからです。日本から出発してソウルで乗り継ぎました。

▶ さらに具体的には、It was ABC airline, flight 123. のように航空会社名と便番号をつけ足すとわかりやすい。

Yes. Actually, I'm too warm. Could you turn off the heat?
はい。実は暖かすぎるくらいです。ヒーターをとめてもらえますか?

No. Could you turn up the heat?
いいえ。ヒーターの温度を上げてもらえますか?

本番 16 空港からタクシーに乗るまで

 自分からタクシーの運転手に話しかけて、XYZ映画館まで行く12往復にチャレンジ。観光客がよく聞かれる質問を聞くので本番前に準備しよう。 🎧 Audio 196

Long Rally 12往復 | 相手の問いかけ | ----→ | あなたの Reply

あなたからタクシードライバーに話しかけて

813

（XYZ movie theaterに行きたいのですが）

814 **OK. No problem.**
わかりました。大丈夫ですよ。

では、行きかたを確認

815 **Yes. Of course.**
はい。もちろん。

およその料金を確認

816 **About 30 dollars. Is that OK?**
30ドルくらいです。よろしいですか？

817

OK. Please get in and close the door.
わかりました。では、乗ってドアを閉めてください。

818

So, is this your first time in New York?
ニューヨークに来られたのは初めてですか？

819

So, why did you decide to come to New York?
なぜニューヨークに来ようと思ったのですか？

820 **How do you like New York?**
ニューヨークはどうですか？

821 **Well, here's the XYZ movie theater.**
XYZ映画館に着きましたよ。

822

The fare is 24 dollars and 50 cents.
料金は24ドル50セントになります。

823

Oh. Thank you. Would you like a receipt?
ありがとうございます。領収書はいりますか？

824 **Enjoy your visit in New York and enjoy your movie.**
ニューヨークと映画を楽しんでくださいね。

 Knock Test 上のトレーニングの音声は「ノック→ポーズ→回答例」の順となっていますが、この
Check! 🎧 Audio 197 ノックテストは「ノック→ポーズ」のみです。自分の回答をテンポよく答えてください。

日本に住むようになって、アメリカのシステムで「めんどくさいなぁ」と感じるのは特にチップの制度。日本では、チップがなくてもかなりしっかりしたサービスをしてもらえますしね。面倒だけれども、チップにはコツがあるので、下にあるアドバイスをうまく使ってみてくださいね。

▼ Model Replies

I'd like to go to the XYZ movie theater.
XYZ映画館に行きたいのですが。

Do you know the way?
行きかたはわかりますか？

About how much would it be?
いくらくらいになりますか？

OK. That's fine.
ええ。大丈夫です。

OK. Sure.
はい。いいですよ。

▶ アメリカやヨーロッパなど欧米のタクシーは日本のように自動でドアが開閉しないので自分で閉める。

No. It's my second time. I first came about ten years ago.
いいえ。2回目です。1回目は10年前に来ました。

My friend lives here so I'm spending my winter vacation with my friend.
友人がここに住んでいるので冬休みを友人と過ごそうと思いまして。

It's great. I really like the atmosphere here. The city is so exciting.
すばらしいです。ここの雰囲気が大好きなんです。街がエキサイティングですよね。

Oh. That was fast.
早かったですね。

OK. Here's 30 dollars. Keep the change.
わかりました。30ドルです。おつりは取っておいてください。

▶ チップの金額は大まかにどんぶり勘定で計算すると、かかった金額が25ドル以下10ドル以上であれば5ドル札で、かかった金額が40～55ドルは10ドルチップだと相手はよろこぶはず。

No. Thanks.
いいえ。大丈夫です。

▶ ほしいときはYes, please. で。

Thanks a lot. Have a nice day.
ありがとう。よい1日を。

813	814	815	816	817	818	819	820	821	822	823	824

ホテルにチェックインする6往復。聞かれる内容はシンプルなことなので、よく聞いてサッと答えられるようにしよう。

🎧 Audio 198

Short Rally 6 往復　相手の問いかけ - - - - - - - - - - → あなたの Reply

825

Welcome. Are you checking in today?

ようこそ。今日はチェックインですか?

826

May I have your last name?

苗字をいただけますか?

827

May I have the spelling?

スペルをいただけますか?

828

OK. I found it. May I have a credit card, please?

わかりました。ありました。クレジットカードをよろしいですか?

829

Thanks. So how many room keys will you need?

ありがとうございます。部屋の鍵はいくつ必要でしょうか?

830

OK. Here you are. And enjoy your stay.

わかりました。はい、どうぞ。ごゆっくりどうぞ。

Knock Test
Check! 🎧 Audio 199

上のトレーニングの音声は「ノック→ポーズ→回答例」の順となっていますが、このノックテストは「ノック→ポーズ」のみです。自分の回答をテンポよく答えてください。

今までの海外旅行で、ホテルのチェックインの時にホテルの人と何往復のやり取りができましたか？　まずここで6往復、そしてこの後のLong Rallyでは12往復にチャレンジ。最後には自分からHave a nice day.などと言ってみよう。

▼ Model Replies

Yes. That's right.
はい。そうです。

Sure. It's Saito.
はい。斉藤です。

Sure. S-A-I-T-O.
はい。S-A-I-T-Oです。

Sure. Here you are.
はい。どうぞ。

Two, if that's okay.
ふたつ、もしできれば。

▶ 文末にif that's OK.は「できれば」「可能であれば」「無理でないようであれば」のようなニュアンスの便利なことば。

Thank you. Have a nice day.
ありがとうございます。よい1日を。

▶ 自分から別れ際に「よい1日を」などを言ってみよう。

本番17 ホテルでの会話

 ホテルのサービスや地元の情報を聞くのに便利なフレーズを日→英でトレーニングしよう。

 Audio 200

よく使う表現

 ノック - - - - - - - - - - - -▶ あなたの Answer

831

どこでよいお土産が買えますか？

832

朝食は何時から何時までですか？

833

このあたりの地図をもらえますか？

834

WiFiはどこで使えますか？

835

街でいちばんいい交通手段はなんでしょうか？

836

両替するのにいちばんいい場所はどこでしょうか？

837

レストランは何時から何時まで開いてますか？

838 最寄りの場所を訪ねる3連発。いっきに3ついきますよ。

①最寄りの銀行はどこにありますか？／
②最寄りのコンビニはどこにありますか？／
③最寄りの地下鉄の駅はどこにありますか？

  Check! Knock Test Audio 201　上のトレーニングの音声は「ノック→ポーズ→回答例」の順となっていますが、このノックテストは「ノック→ポーズ」のみです。自分の回答をテンポよく答えてください。

Coach's Advice 海外旅行の会話術として、実はあなたが質問上手になることがあります。漠然とした5W1Hの単位ではなく、まとまった単位で表現を覚えておこう。例えばWhere can I get...? やWhere is the nearest...? など。

▼ Model Answers

Where can I get good souvenirs?

From what time to what time is breakfast?

May I have a map of this area?

Where can I get WiFi?

▶ WiFiはwirelessでも通じる。Where can I use WiFi? も通じるがWhere can I get WiFi? はズバリどこで受信可能かを聞く表現。

What's the best way to get around the city?

Where is the best place to change money?

▶ 具体的に伝える場合は、Where is the best place to exchange yen for dollars? 「円をドルに両替するのによい場所はどこでしょうか？」。

From what time to what time is the restaurant open?

Where is the nearest bank? /
Where is the nearest convenience store? /
Where is the nearest subway station?

本番 17 ホテルでの会話

せっかくだから同じホテルに宿泊している人々やホテルのスタッフと会話してみよう。旅行先で聞かれそうなノックを投げるので頑張って返して。

🎧 Audio 202

よく聞かれる質問　　ノック ------------▶ あなたの Reply

How do you like your room?
お部屋はいかがですか？

839 気に入っている事とその理由を伝えて

840 まぁまぁという事とその理由を伝えて

Where do you plan to go today?
今日はどこへ行く予定ですか？

841 行くところをひとつ答えて

842 まだ決まっていないと答えて

So what did you do today?
今日は何をしましたか？

843 大まかに1日の感想を言おう

844 したことを羅列して言おう

Did you find any good souvenirs?
よいお土産は買えましたか？

845 Yes.+1文で補足

846 No.+1文で補足

Knock Test
Check! 🎧 Audio 203
上のトレーニングの音声は「ノック→ポーズ→回答例」の順となっていますが、このノックテストは「ノック→ポーズ」のみです。自分の回答をテンポよく答えてください。

Coach's Advice この本番もホテルだけの会話ではありません。旅行先ではさまざまな人に出会うはず。よく行くカフェやホテルのスタッフといつでも英会話ができるようにいくつかの回答のパターンを練習してみよう。

▼ Model Replies

Good. I love the view.
いいですよ。景色が気に入っています。

Not bad. It's a little noisy in the morning, actually.
悪くはないんですが、実は朝ちょっとうるさいんですよね。

I'm going on a sightseeing tour by bus. The bus is supposed to be here already. What should I do?
バスで観光ツアーに行く予定です。もう来ているはずの時間なのですが、どうしたらいいでしょうか？
▶ ずっと待っているより、このようにフロントに相談したり電話してもらったりしましょう。

I'm not sure yet. If it doesn't rain, I'll go to Knock Park.
まだわからないんです。雨が降らなければ、ノック公園に行こうと思います。

This and that. It was a busy day, even though I'm on vacation.
いろいろ。かなり忙しい1日でした。バカンスなのにね。

I did three things. First I went sightseeing. Then, I had lunch at a seaside café. Then, I went shopping.
3つの事をしました。まず観光に行って、そして海沿いのカフェでランチをして、それから買い物に行きました。
▶ このように、「3つの事」を羅列することによって、しっかりした構成になり、相手にとってもわかりやすい。連続文章を言い切れるようにがんばってください。

Yeah. I got some cookies at a bakery next door.
ええ、隣のベーカリーでクッキーを買いましたよ。

Not yet. I'll get something at the airport.
まだなんです。空港でいくつか買おうと思ってます。

839	840	841	842	843	844	845	846

では、ホテルをチェックアウトするときの12往復。部屋の感想やサービスについてもノックを投げるので、自分なりに宿泊したホテルを想像して答えてみて。

🎧 Audio 204

Long Rally 12 往復

相手の問いかけ - - - - - - - - - - - - - ▶ あなたの Reply

ホテルをチェックアウトする

847
G'morning.
おはようございます。

848
So you are checking out today, right?
今日はチェックアウトですね。

849
I'm sorry but may I have your name again, please?
申し訳ございませんが、もう一度お名前をいただけますか？

850
OK. Here it is. I'll print your bill... Just a sec.
わかりました。ありました。請求書を印刷しますので、少々お待ち下さい。

851
Here is the bill. Does everything look OK?
こちらが請求書になります。間違いはないでしょうか？

852
OK. I'll take care of everything and charge it to your credit card, OK?
わかりました。では後はお任せください。代金はクレジットカードにチャージさせていただきます。よろしいですか？

853
By the way, how did you like your room?
ところで、お部屋はいかがでしたか？

854
I see. Well, how was the housekeeping?
なるほど。ハウスキーピングはいかがでしたか？

855
I see. Well, here is your receipt.
わかりました。はい、こちらが領収書になります。

856
Do you need a taxi to take you to the airport now?
今、空港までタクシーをお使いになられますか？

857
OK. Thank you for staying with us.
かしこまりました。ご利用いただきありがとうございました。

858
I hope you come back again real soon.
またのご利用をお待ちしております。

Knock Test
Check! 🎧 Audio 205
上のトレーニングの音声は「ノック→ポーズ→回答例」の順となっていますが、このノックテストは「ノック→ポーズ」のみです。自分の回答をテンポよく答えてください。

Coach's Advice お客さんとしてただ用件を伝えるだけではなく、余裕が出てきたら次のステップは難しいことばを使うことではなく、この Rally のように話の合間に相手と会話をすること。もちろん、時差ぼけなどで疲れているときなどは無理しなくて大丈夫。常に1文以上で返す心の準備があると意外とうまくいくかも。

▼ Model Replies

G'morning.
おはようございます。

Yes. That's right.
はい。そうです。

Sure. It's Kei Saito. S-A-I-T-O.
はい。斎藤ケイです。S-A-I-T-Oです。

Thanks a lot.
ありがとうございます。

Just a sec. Yes, I think so.
ちょっと待ってくださいね。はい、大丈夫だと思います。

Alright. Thanks.
わかりました。ありがとうございます。

It was good. It would've been nice to have a bigger bathtub. People from Japan like big bathtubs.
よかったです。もっと大きな浴槽があるとよかったです。日本からのお客は大きな浴槽が好きですよ。

Everything was fine. They were helpful.
すべて問題なかったです。助かりました。

Thank you.
ありがとう。

Yes. That would be good.
はい。助かります。

Thank YOU.
こちらこそ、ありがとうございました。

Maybe I will. Have a nice weekend.
また利用したいと思います。よい週末を。

カフェとショッピングを楽しむ

旅行先でちょっとコーヒーブレイク。現地のカフェに入ってとても短いことばで成立するコーヒーのオーダーの7往復にチャレンジしてみよう。

🎧 Audio 206

Short Rally 7 往復　　相手の問いかけ - - - - - - - - - - - ➔ あなたの Reply

859

Hi. And welcome to Starknocks.

こんにちは。スターノックスへようこそ。

860

Is this for here or to go?

こちらでお飲みになりますか？　それともテイクアウトですか？

861

OK. What would you like to drink?

わかりました。お飲み物は何になさいますか。

862

And what size would you like?

それから、サイズはどうされますか？

863

Would you like soy milk, an extra shot of espresso or anything extra in your drink?

豆乳、エキストラエスプレッソなどのトッピングはいかがされますか？

864

OK. That'll be 4 dollars and 25 cents. Cash or credit card?

わかりました。4ドル25セントになります。現金とキャッシュどちらになさいますか？

865

OK. And here's your order. Enjoy.

わかりました。では、商品はこちらになります。お楽しみください。

Knock Test　Check!　🎧 Audio 207　上のトレーニングの音声は「ノック→ポーズ→回答例」の順となっていますが、このノックテストは「ノック→ポーズ」のみです。自分の回答をテンポよく答えてください。

▼ Model Replies

Thanks.
ありがとう。

For here.
ここで飲みます。

I'll have a cappuccino.
カプチーノをお願いします。

A medium.
ミディアムで。

No thanks.
結構です。

I'll use my card. Here you are.
カードにします。これです。

Thanks.
ありがとう。

本番 18 カフェとショッピングを楽しむ

ショッピングで使う表現を日→英でトレーニングしよう。また上手なショッピングや交渉のコツも身につけよう。

🎧 Audio 208

よく使う表現

ノック - - - - - - - - - - - - - → あなたの Answer

866　ショッピングの交渉必須2ステップ

[Step1] Tシャツを3枚買おうと思っているんです。

867

[Step2] いくらくらいになりますか？

▶「これが欲しいんだけど、値引きして」と単刀直入に言うよりこちらがおすすめ。

868　プライベートツアーについて2ステップで交渉

家族だけのプライベートツアーを考えているんですが。
いくらくらいになりますか？

869　レンタカーについて2ステップで交渉

オープンカーを2日間レンタルしようと思っているんですが。
いくらくらいになりますか？

870　ビルドアップにチャレンジ

これ、試着できますか？

871

どこで試着できますか？

872

すみません。どこで試着できますか？

873　店員さんに違うものを持ってきてもらう3連発。いっきに3ついきますよ。

①もっと小さいサイズはありますか？
②違う色はありますか？
③違う模様のものはありますか？

✓ **Knock Test** Check! 🎧 Audio 209

上のトレーニングの音声は「ノック→ポーズ→回答例」の順となっていますが、このノックテストは「ノック→ポーズ」のみです。自分の回答をテンポよく答えてください。

Coach's Advice トラブル回避のコツ！ *p.*182のタクシーに乗る前の確認３ステップで
練習したように、ショッピングでも実際に買う前に値段や条件を確認で
きるようになろう。会計のときに金額を言われてびっくり、なんてこと
にならないようにこの２ステップで事前確認が重要。

▼ Model Answers

I'm thinking about buying three T-shirts.

About how much would that be?

I'm thinking about a private tour for my family.
About how much would that be?

I'm thinking about renting a convertible for two
days. About how much would that be?

Can I try this on?

Where can I try this on?

Excuse me. Where can I try this on?

Do you have a smaller size? /
Do you have a different color? /
Do you have a different design?

カフェとショッピングを楽しむ

ショッピングでは、洋服のサイズについての会話や支払いのタイミングで思わぬミニトラブルがあることも……。ここではよくあるケースのノックを投げるので対応できるようになろう。

🎧 Audio 210

よく聞かれる質問　ノック - - - - - - - - - - - ➤ あなたのReply

874 ブティックにて

What's your shirt size?

シャツのサイズはいくつですか？

875

How about your shoe size?

靴のサイズはいくつですか？

試着をしてみて

That looks good on you.

よくお似合いですよ。

876 買う場合の返事をして

877 買わない場合の返事をして

ショッピングのトラブル対応

I'm so sorry but we don't accept this credit card.

大変申し訳ございませんが、このクレジットカードは使えません。

878 では現金で払います

879 ではやめておきます

We're out of stock. We can order it and send it to Japan for you.

在庫を切らしておりまして。取り寄せて日本にお送りすることができます。

880 ではお願いします

881 ではやめておきます

Knock Test Check! 🎧 Audio 211　上のトレーニングの音声は「ノック→ポーズ→回答例」の順となっていますが、このノックテストは「ノック→ポーズ」のみです。自分の回答をテンポよく答えてください。

Coach's Advice 買うときの返事や、何か引き受けるときの Yes. の返答は簡単ですが、断るとなるとつい、No, no, no. と連呼してしまったり、No thank you. だけになってしまうかもしれないので、ここで上手な断り表現も練習しましょうね。That's OK. や Thanks anyway. はとても便利。

▼ Model Replies

I'm a medium or a small.

Mサイズか Sサイズです。

I'm a 24 in Japanese sizes and I think I'm a 7 in U.S. sizes.

日本のサイズだと 24 でアメリカのサイズだと 7 だと思います。

Thanks. OK. I'll take it.

ありがとうございます。よーし、買います。

Thanks. But I think I'll pass. Something's not right.

ありがとうございます。でも今回はやめておきます。ちょっと違うかなぁと思って。

Then I'll pay with cash.

では現金で払います。

Then I think I'll pass. Thanks anyway.

ではやめておきます。せっかくですけど。

If you are sure that you can send it to Japan, I'll take it.

確実に日本に送ってもらえるのであれば、買います。

That's OK. But thanks anyway.

大丈夫です。でもありがとうございます。

874	875	876	877	878	879	880	881

ではショッピングに行こう。最初は洋服屋さんへ、次はお土産物やさんへ。それぞれの場所で店員に声をかけれるので、うまく対応してね。　🎧 Audio 212

Short Rally 5 往復　相手の問いかけ ------------▶　あなたの Reply

（1）洋服屋さんでしつこい店員さんをソフトに断る

882
Hi, there. How are you today?
こんにちは。今日は（調子は）いかがですか？

883
Good. Can I help you find something today?
いいですよ。今日なにかお探しのものがあればお手伝いいたしますよ。

884
Are you looking for yourself or someone else?
ご自分用に何かお探しですか？　それとも贈りものですか？

885
Well, we have some new designs in sweaters and scarfs over here.
こちらに新作のセーターとスカーフがありますので。

886
OK. My name is Benjamin. I'll be over here.
わかりました。私はベンジャミンと言います。ここにおりますので。

Short Rally 6 往復　相手の問いかけ ------------▶　あなたの Reply

（2）お土産屋さんで試食して買ってみよう

887
These chocolates are very popular with our Japanese customers.
このチョコレート、日本のお客さんにとても人気ですよ。

888
Would you like to try some?
食べてみますか？

889
Here you are.
どうぞ。

890
How do you like it?
いかがですか？

891
We have a small size and this bigger size in a box with gift-wrapping. Which would you like?
小さいサイズとこの大きなサイズの箱入りでラッピングしたものがございます。どちらがよろしいですか？

892
Okay I'll get that. And I'll meet you at the register, okay?
かしこまりました。用意いたします。レジにお進みいただけますか？

 Knock Test　上のトレーニングの音声は「ノック→ポーズ→回答例」の順となっていますが、この
Check!　🎧 Audio 213　ノックテストは「ノック→ポーズ」のみです。自分の回答をテンポよく答えてください。

Coach's Advice 海外の洋服屋さんやレストランなどには、日本と比べると少ししつこい店員さんがいるかもしれません。I'll call you if I need anything. などをスムーズに、笑顔で言えるようになるとショッピングなどもずいぶん楽になると思いますよ。

▼ Model Replies

Good, thanks. And you?
いいです。ありがとうございます。あなたは？

No, thanks. I'm just looking.
大丈夫です。見ているだけなので。

I haven't decided yet.
まだ決めていません。

OK. I'll call you if I need anything.
わかりました。必要になったら声をかけますので。

Thanks, Benjamin.
ありがとう、ベンジャミンさん。

▼ Model Replies

Oh, really?
本当に？

Yeah... If that's okay.
ありがとうございます。もし大丈夫なようであれば。

Thanks a lot.
ありがとうございます。

Good. I like the texture.
いいですね。食感が好きです。

I'll have the bigger box with gift-wrapping. Can I have three?
大きい方のラッピングしてあるものでお願いします。3ついただけますか？

▶ 値段を交渉できそうなお店だったら、*p.198*のショッピングの交渉必須ステップを使ってみよう。

Okay. Thanks a lot.
わかりました。ありがとうございます。

882	883	884	885	886	887	888	889	890	891	892

海外での
トラブル回避術

 旅行先にもよるけれど、何かをいきなり押し売りされたり、しつこく「買わないか」と言い寄られることもある。そんな場面で使える感じのよい断りかたフレーズを日→英でトレーニングしよう。　🎧 Audio 214

きっぱり断る表現　　ノック 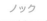 - - - - - - - - - - - - ▶ あなたの Answer

893

（ソフトに）
大丈夫です。

894

（普通に）
結構です。

895

（少しきっぱりと）
結構です。

896

せっかくだけどありがとう。

897

すみません。ちょっと時間ないんで。

898　それでもしつこく近づいてきたら……

（下がっての意味で）
近いよ！

899

（私に）
触らないで。

900

ほっといてください。

 Knock Test　上のトレーニングの音声は「ノック→ポーズ→回答例」の順となっていますが、このノックテストは「ノック→ポーズ」のみです。自分の回答をテンポよく答えてください。
Check! 🎧 Audio 215

Coach's Advice

この本番は3つのトラブルを想定してそれぞれをうまくかわす会話術を身につけよう。最初のトラブルは①キャッチセールス、p.208 〜は②現地の犬に関するトラブル、p.212 〜は③ホテルの部屋や自分に何かおきたときの対応をトレーニングするよ。

▼ Model Answers

I'm good.

▶「私は元気です」ではなく、「大丈夫です。何もいりません」のフレーズ。

No, thanks.

No, thank you.

▶ もちろんソフトに言うこともあるが、強くこれを言うことでしっかりとした断りの表現になる。

Thanks anyway.

I'm sorry. I'm a little busy.

Get back!

Get your hands off me!

Please leave me alone.

ローカルな公園を散歩していたら、いきなり声をかけられます。何かを売りたいようだけれど、ここはきっぱりしかも感じよく断るようにノックを返してみて。 🎧 Audio 216

Short Rally 4 往復　相手の問いかけ --------------➤ あなたの Reply

キャッチセールスに声をかけられる（1）

901

Hey, my friend!

ヘイ、フレンド。

902

You want some designer clothes at a good price?

お買い得なブランドの洋服はいかがですか？

903

Here. Take a flyer... with a coupon.

どうぞ。フライヤーをお持ちください。クーポン付きです。

904

OK. B'bye.

オッケー。では。

Short Rally 4 往復　相手の問いかけ --------------➤ あなたの Reply

キャッチセールスに声をかけられる（2）

905

Are you from Japan? Kon-nichiwa!

日本から来たのですか？　コンニチワ。

906

Here. Try this.

どうぞ。試してみて。

907

It's free to try. You try it, if you like it, you buy it.

試すだけならタダですよ。試してみて、気に入ったら買ってください。

908

OK. Have a nice day.

わかりました。よい1日を。

Knock Test
Check! 🎧 Audio 217
上のトレーニングの音声は「ノック→ポーズ→回答例」の順となっていますが、このノックテストは「ノック→ポーズ」のみです。自分の回答をテンポよく答えてください。

Coach's Advice 断り方の基本は前ページの「結構です」の表現。「ノーノーノーノー」は卒業して、goodを使ったノーマルな断りの対話をしてみよう。最低限のキャッチボールで断ってからもし悪い人でない場合は別れ際のあいさつもできるとよいかも。

▼ Model Replies

Hi.
どうも。

No, thanks.
いえ、結構です。

I'm good. Thanks anyway.
大丈夫です。せっかくですけどありがとう。
▶ 「ノーサンキュー、ノーサンキュー」よりちゃんと会話が成立している断り方。不安だったらもちろん日本語でも大丈夫。

B'bye.
では。

▼ Model Replies

Yeah. I'm from Japan.
ええ。日本から来ました。

No, thanks.
結構です。

I'm good. Thanks anyway.
大丈夫です。せっかくだけど。

Thanks. You too.
ありがとう。あなたも。

901	902	903	904	905	906	907	908

次のトラブルは犬にまつわるもの。旅行先で現地の犬を散歩している人と話すことがあるかもしれない。そんなときに対応できるフレーズを日→英でトレーニングしよう。

トラブル回避表現　　ノック　------->　あなたの Answer

909

（あなたの犬は）噛みますか？

910

大丈夫ですか？

911

（あなたの犬を）なでても大丈夫ですか？

912

かわいい犬ですね。

913

どうしましょう。

914

おそらく警察を呼んだほうがいいかもしれません。

さらに強く主張するには……

915

やはり警察を呼びたいんですが。

916

謝られて「いいですよ／大丈夫です」などと言えない場合の表現は？

 Knock Test
Check! Audio 219

上のトレーニングの音声は「ノック→ポーズ→回答例」の順となっていますが、このノックテストは「ノック→ポーズ」のみです。自分の回答をテンポよく答えてください。

前半ではトラブル回避の事前確認表現ゲット。後半では、個人間で解決するのが難しいときに使える表現です。多くの地域では警察は観光客の味方のはずなので、困ったらやはり警察を呼んでトラブルを解消することをおすすめします。

▼ Model Answers

Does your dog bite?

Are you OK?

▶ 人とぶつかってしまったときなどには「すみません」ではなくこのAre you OK?を言えるようになろう。

Is it okay if I pet your dog?

▶ 事前に聞いてみる。タクシーもショッピングも同じようなトラブル回避の会話術を学びましたね。

What a cute dog!

What should we do?

Maybe we should call the police.

▶ 警察のほかにもthe manager「管理者」やthe security guard「警備員」などを呼ぶかもしれない。

I'd like to call the police.

I see.

▶ 相手に非があり謝られて、「いいよ」と言えないときに使う表現。

909	910	911	912	913	914	915	916

犬のトラブルで謝らない飼い主や自分の非を認めない人とのやりとりをしていよう。2パターンの飼い主でShort Rallyをやってみるよ。

🎧 Audio 220

Short Rally 5 往復　相手の問いかけ　┈┈┈┈┈┈┈▶ あなたの Reply

（1）犬に料理を食べられちゃった!?
オープンカフェで食事をしていたら犬があなたの料理を食べてしまいました……。

917 **Down boy! DOWN! DOWN!**
降りなさい！

918 **I'm so sorry!**
すみません。

919 **Well, my dog didn't eat ALL of your food.**
でも、全部食べてしまったわけではないですし……。

920 **Really!?**
本当に？

921 **Well, I said I'm sorry.**
謝ったのに……。

Short Rally 6 往復　相手の問いかけ　┈┈┈┈┈┈┈▶ あなたの Reply

（2）犬を散歩している人と事前確認をしてからミニトーク

922 **Oh, my dog likes you!**
あら。うちの犬があなたの事が好きみたい。

923 **She's very friendly. She doesn't bite.**
とてもフレンドリーで、噛みませんよ。

924 **You can pet her. Go ahead.**
撫でても大丈夫ですよ。

名前を聞いて

925 **Her name is Mimi.**
ミミです。

何歳か聞いて

926 **She is seven years old.**
7歳です。

927 **Well, see you later.**
では、また。

Knock Test　上のトレーニングの音声は「ノック→ポーズ→回答例」の順となっていますが、この
Check!　🎧 Audio 221　ノックテストは「ノック→ポーズ」のみです。自分の回答をテンポよく答えてください。

Coach's Advice ここでは、狭く「犬のトラブル」と考えないでくださいね。何かがあって、相手が謝らない、相手が非を認めないときのラリーです。このようなときは、すぐに警察ではなく係員を呼んで対応してみましょう。必要に応じて、英語で自己主張してみて下さい。

▼ Model Replies

Oh, my!
うわあ。

What should we do?
どうしましょうか。
▶ 「大丈夫です」と声をかけるときもあるが、そうでないときは What should we do? が妥当。

Maybe we should call the waiter.
おそらくウェイターを呼んだほうがいいかもしれません。

Yeah. I'd like to call the waiter.
ええ。ウェイターを呼びたいんですが。

I see. But I can't eat this now.
わかりますよ。でも私はこれじゃ食べれませんし。

▼ Model Replies

Yes. Does your dog bite?
ええ。噛みますか？

Oh, that's good. Is it okay if I pet her?
よかった。撫でても大丈夫ですか？

What's your dog's name?
名前は何ですか？

How old is she?
何歳ですか？

Well, she's a such a good girl.
とてもいい子ですね。

See you later. Take care.
ではまた。お気をつけて。

917	918	919	920	921	922	923	924	925	926	927

ホテルの部屋のトイレがつまって水があふれています。これは大変。フロント
デスクに電話して見に来てもらいましょう。

🎧 Audio 222

Short Rally 6 往復

相手の
問いかけ - - - - - - - - - - - - - → あなたの
Reply

---

928 ── ホテルの部屋のトイレから水があふれる ─────────────

📞 **Hello. Front desk.**

もしもし。フロント・デスクです。

929

📞 **Are you okay? Are you hurt, or is someone hurt?!**

大丈夫ですか？　怪我はしていませんか？　だれか怪我をしていませんか？

930

📞 **I'll call housekeeping. Just a moment.**

ハウスキーピングを呼びますので、少々おまちください。

931

📞 **Okay. And I'll come to your room right now.**

かしこまりました。今すぐお部屋に向かいますので。

932

📞 **Bye for now.**

失礼します。

---

933 ── ホテルのスタッフが到着して……

トントン（ドアをたたく音）

誰か確認してください

Knock Test
Check!　🎧 Audio 223

上のトレーニングの音声は「ノック→ポーズ→回答例」の順となっていますが、この
ノックテストは「ノック→ポーズ」のみです。自分の回答をテンポよく答えてくださ
い。

海外でのトラブル時には電話も大切。ピンチのときこそ、シンプルで即戦力のある表現を使ってみよう。特にこの表現がオススメ I have a problem with + [モノ / 体の部分など].。次のページでしっかり応用できるようになろう。

▼ Model Replies

📞 **I need help. I have a problem with my toilet!**
助けてください。トイレの調子が悪いんです。

📞 **I'm okay, but I have a problem with my toilet. It's flooding.**
私は大丈夫なのですが、トイレの調子が悪くて。水があふれているんです。

📞 **Please hurry.**
急いでください。

📞 **That would be good.**
助かります。

📞 **Bye for now.**
では。

Who is it?
どなたですか？

928	929	930	931	932	933

海外でのトラブル回避術

突撃
本番 19

自分の体に何かあったとき、助けを求めたり、具合の悪いことを正しく伝える
表現を日→英でトレーニングしよう。 🎧 Audio 224

体のトラブル便利表現 ┈┈┈┈┈┈┈▶ あなたの Answer

934

助けてください。

935

トイレの調子が悪いんです。

936

お腹の調子が悪いんです。

937

部屋のエアコンの調子が悪いんです。

938

（指さしながら）
ここが調子悪いんです。

939

父の足の調子が悪いんです。

940

痛いです。

941

（指さしながら）
ここが痛いです。

942

急いでください。

943

ノックされたときに相手を確認する表現は？

Knock Test
Check! 🎧 Audio 225

上のトレーニングの音声は「ノック→ポーズ→回答例」の順となっていますが、この
ノックテストは「ノック→ポーズ」のみです。自分の回答をテンポよく答えてくださ
い。

Coach's Advice 頭が真っ白になってもこのI have a problem with... でダイレクトに問題のあることを伝えて、それで問題がしっかり伝われば、解決はよりぐうううんとスムーズになります。problemは直訳「問題がある」だけでなく「調子が悪い」としても使えることば。

▼ Model Answers

I need help.

I have a problem with my toilet.

I have a problem with my stomach.

I have a problem with the air conditioning in my room.

I have a problem here.

▶ 調子の悪い体のパーツを指させば、世界中誰にでも通じる。

My father has a problem with his leg.

It hurts.

▶ 頭が痛いときにはpainよりも、hurtのほうが「痛む」が通じやすい。

It hurts here.

Please hurry.

Who is it?

934	935	936	937	938	939	940	941	942	943

最後の Long Rally です。ホテルの部屋にいるときに、急にお腹が痛みだしました。フロントデスクに電話して医者を呼んでもらいましょう。　🎧 Audio 226

Long Rally 12 往復　相手の問いかけ ------→ あなたの Reply

944

Hello. Front desk. How can I help you?
こんにちは。フロントデスクです。どうしましたか？

945

I'll come to you room immediately. Just a moment.
すぐにお伺いします。少々おまちくださいね。

946

コンコン（ドアをたたく音）

947

It's John. From the front desk.
フロントデスクのジョンです。

948

Hello... a doctor is coming.
こんにちは。医者が向かっていますので。

949

Do you have any blood in your mouth or on your body anywhere?
口や体で出血しているところはありませんか？

950

Can you walk?
歩くことはできますか？

951

We have a wheelchair. And the doctor will be here soon.
車イスはあります。医者はもうすぐ来ますので。

952

コンコン（ドアをたたく音）That's the doctor.
医者です。

953

Hello. I'm doctor Burns.
こんにちは。医者のバーンズです。

954

Where does it hurt? Show me.
どこが痛みますか？　教えてください。

955

When did it start to hurt?
いつから痛みますか？

Knock Test
Check!　🎧 Audio 227

上のトレーニングの音声は「ノック→ポーズ→回答例」の順となっていますが、このノックテストは「ノック→ポーズ」のみです。自分の回答をテンポよく答えてください。

海外でお腹が痛くなったら、I have a problem here./I have a problem with stomach. そしてその後に、助けを求めた人と最低限何往復かの会話キャッチボールをしよう。そのときに使える簡単な表現、実践的なトレーニングをこなしておけばいざというときも大丈夫。

▼ Model Replies

I have a problem with my stomach. I need a doctor.
お腹が痛むんです。医者を呼んでもらえますか？

OK. Thanks.
はい。ありがとうございます。

Who is it?
どなたですか？

Come in.
入ってください。

Oh, that's good.
よかった。

No. I don't.
いいえ。ありません。

I'm not sure. Do you have a wheelchair?
わかりません。車イスはありますか？

OK. I'll just stay here, OK?
はい。ここにいます。いいですか？

Good.
よかった。

Hello.
こんにちは。

It hurts here.
ここが痛みます。

It started to hurt this morning around 10 am.
今朝の10時ごろから痛みだしました。

944	945	946	947	948	949	950	951	952	953	954	955

テンポトレーニング ▶▶▶ 空港にて

 本番では入国審査にチャレンジしたけれど、ここでは Quick 応対トレーニングがメイン。実際に税関で聞かれる質問は国や空港によって異なる。テンポよく答えて。 🎧 Audio 228

ノック	回答例

956
Hello.
こんにちは。。

※ Hello.

957
Are you a tourist?
観光客ですか？。

※ Yes. / No.

958
Are you from China?
中国から来たのですか？

※ Yes. / No. I'm from Japan.

959 **OK. All your bags here?**
わかりました。あなたの荷物はすべてここにありますか？

※ Yes.

960
Any commercial items?
販売用商品は入っていますか？

※ No, sir.

961
OK. Any presents for friends?
友人への贈りものは入っていますか？

※ Yes. / No.

962 **You don't have any commercial items?**
販売用商品は入っていないですね？

※ No.

963
Any plants?
植物は入っていますか？

※ No, sir.

964
Any animals?
動物はいますか？

※ No, sir.

965
Any chemicals?
化学薬品は入っていますか？

※ No.

966
OK have a nice day.
よい１日を。

※ Thanks.

967
B'bye.
では。

※ B'bye.

➡ 最後に……シャッフルノック（少しテンポも早くなるよ）

✅ **Knock Test**
Check!
🎧 Audio 229

956	957	958	959	960	961	962	963	964	965	966	967

218

Speed Challenge 10

発音ノックの応用 ▶▶▶▶ 文章編

 数字のビートをヒントにして文章をテンポよく言ってみよう。

🎧 Audio 230

ノック	Answer
968 ④ お手洗いはどこですか？	**Where's the bathroom?**
969 ④ クレジットカードをどうぞ。	**Here's my credit card.**
970 ⑤ お手洗いを使ってもよろしいですか？	**May I use your bathroom?**
971 ⑤ マクドナルドは閉まっています。	**McDonald's is closed.**
972 ⑤ スターバックスを見つけました。	**I found a Starbucks.**
973 ⑥ マクドナルドは開いています。	**McDonald's is open.**
974 ⑥ マクドナルドは開いてますか？	**Is McDonald's open?**
975 ⑥ スターバックスを見つけられません。	**I can't find a Starbucks.**
976 ⑥ アイスコーヒーは好きですか？	**Do you like iced coffee?**
977 ⑥ 私のクレジットカードが見つかりません。	**I can't find my credit card.**
978 ⑦ スターバックスはどこで見つけることができますか？	**Where can I find a Starbucks?**
979 ⑧ 先にお手洗いに行ってもよろしいですか？	**May I go to the bathroom first?**

➡ シャッフルノック！ 文がどんどん短くなります。

✅ **Knock Test**
Check!
🎧 Audio 231

968	969	970	971	972	973	974	975	976	977	978	979

名言ビルドアップ

 著名な言葉をビルドアップ方式で言ってみよう。文章が少しずつ長くなるので、最後まで言えるように頑張って。　🎧 Audio 232

Do what you can, where you are, with what you have now. (セオドア・ルーズベルト大統領)

980 できる。　＜ ノック ＞

You can... ＜ Answer ＞

981 できることをしなさい

Do what you can...

982 できることをしなさい、あなたがいるところで

Do what you can, where you are...

983 できることをしなさい、あなたがいるところで、あなたの持っているもので

Do what you can, where you are, with what you have...

984 できることをしなさい、あなたがいるところで、今あなたの持っているもので。

Do what you can, where you are, with what you have now.

To avoid criticism, say nothing, do nothing, be nothing. (アリストテレス)

985 批判　＜ ノック ＞

Criticism... ＜ Answer ＞

986 批判をさけるなら

To avoid criticism...

987 批判をさけるなら、何も言うな。

To avoid criticism, say nothing...

988 批判をさけるなら、何も言うな。何もするな。

To avoid criticism, say nothing, do nothing...

989 批判をさけるなら、何も言うな。何もするな。何者にもなるな。

To avoid criticism, say nothing, do nothing, be nothing.

✅ **Knock Test** Check!　🎧 Audio 233

980	981	982	983	984	985	986	987	988	989

Speed Challenge 12

あたまと口をやわらかく
▶▶▶▶▶ 否定文で言い換えノックと早口ノック

否定文をうまく使いこなせると表現力もグンとアップする。知っている単語を駆使して下の表現を英語にしてみよう。そして最後は早口ノックにチャレンジしてみよう。

否定文で言い換えノック

ノック | Answer | 🎧 Audio 234

990	昨晩は徹夜でした。	**I didn't sleep last night.**
		(直) 昨晩は一睡もしていません。
991	残業です。	**I can't leave the office.**
		(直) オフィスから出られません。
992	ななめです。	**It's not straight.**
		(直) まっすぐではありません。
993	ネクタイがずれてますよ。	**Your tie is not straight.**
		(直) ネクタイがまっすぐではありません。
994	ジャケットの襟がたってますよ。	**Your jacket is not right.**
		(直) ジャケットがまっすぐではありません。

早口ノック **Tongue Twister** 🎧 Audio 236

Round 1 少しずつ長くなる

Round 2 2回続けて

Round 3 12秒以内に何回言えるか

A cup of proper coffee in a proper copper coffee cup.
ちゃんとした銅のコーヒカップに入っている、ちゃんとした一杯のコーヒー。

| 995 Round 1 | 996 Round 2 | 997 Round 3 |

Robin runs rings round Roman ruins.
ロビンがローマの遺跡のまわりを走りまわった。

| 998 Round 1 | 999 Round 2 | 1000 Round 3 |

☑ **Knock Test**
Check!
🎧 Audio 235/237

| 990 | 991 | 992 | 993 | 994 | 995 | 996 | 997 | 998 | 999 | 1000 |

著者紹介（プロフィール）

Photo by Y. Watari

スティーブ・ソレイシィ (Steve Soresi)

アメリカ、ワシントン D.C. 出身。早稲田大学大学院政治研究科修了。1990 年初来日。岐阜県の学校で英語指導助手を務める。「外国人のための日本語弁論大会」で優勝して以来、テレビほかで活躍。NHK 教育テレビ『スティーブ・ソレイシィのはじめよう英会話』などで人気を博す。また自らが日本語を習得したときの学習法を基に、多数の日本人に英語を教えた経験もプラスして独自の英会話学習アプローチも開発。主な著書に『英会話なるほどフレーズ 100』『英会話ペラペラビジネス 100』（以上アルク）、『難しいことはわかりませんが、英語が話せる方法を教えてください！』（文響社・共著）、『NHK CD BOOK 英会話タイムトライアル とぎれず話す つながるスラスラ英会話』（NHK 出版）、『英会話 1000本ノック』『英会話 1000 本ノック入門編』『英会話 1000 本ノックビジネス編』（以上コスモピア）など。日本の「英語が使える国の仲間入り」を目指して、セミナーや執筆活動をさかんに行っている。2012 年 4 月から NHK ラジオ『英会話タイムトライアル』の講師を務める。BBT 大学教授。公式サイトは http://www.soreken.jp/

【新装版】
英会話1000本ノック 初級編

2014 年 4 月 10 日　第 1 版第 1 刷　発行
2020 年 4 月 10 日　新装版第 1 版第 1 刷　発行

著者／スティーブ・ソレイシィ

装丁・デザイン／松本田鶴子
表紙イラスト／倉谷美代子
本文イラスト／中村知史
写真／iStockPhoto、Can Stock Photo Inc. / Leaf

校正／王身代晴樹、Ian Martin
ナレーション／ Steve Soresi, Carolyn Miller, 相沢麻美（ZAI OFFICE）
DTP ／朝日メディアインターナショナル株式会社

発行人／坂本由子
発行所／コスモピア株式会社
〒 151-0053　東京都渋谷区代々木 4-36-4　MC ビル 2F
営業部　TEL: 03-5302-8378　email:mas@cosmopier.com
編集部　TEL: 03-5302-8379　email:editorial@cosmopier.com
https://www.cosmopier.com/　　https://e-st.cosmopier.com/

印刷・製本／シナノ印刷株式会社
録音・音声編集／メディアスタイリスト

英会話 超リアルパターン 500+

出だしのパターンを徹底トレーニング！

「最初のひとことが出てこない」人におすすめ。英文を頭の中で組み立てるのではなく、出だしのパターンをモノにすれば、続けてスラスラと話せるようになります。さらに本書の特長は例文のリアルさ。「覚えてもまず使わない」例文ではなく、生々しくて面白くて、実生活で必ず使う表現で構成されています。

著者：イ・グァンス、イ・スギョン
A5 判 293 ページ＋ミニブック 48 ページ
MP3 音声（4 時間 40 分）

| 定価 本体 1,800 円＋税 |

英会話 超リアルパターン 500+〈ビジネス編〉

パターン作戦で電話も会議も乗り切ろう！

電話、会議、プレゼン、交渉などで頻繁に使われる 200 のパターンを厳選し、ひとつにつき 4 〜 5 つの例文で使い方を覚えます。
　ビジネスの現場では、あまりに教科書的な表現も、いわゆる若者言葉も、どちらも不適切。相手の感情を損ねることのないように婉曲表現なども取り入れ、微妙なニュアンスも十分に考慮した構成となっています。

著者：ケビン・キュン
A5 判 288 ページ＋ミニブック 48 ページ
MP3 音声（5 時間 40 分）

| 定価 本体 1,800 円＋税 |

本書のご意見・ご感想をお聞かせください！

本書をお買い上げいただき誠にありがとうございます。
今後の出版の参考にさせていただきたいので、ぜひ、ご意見・ご感想をお聞かせください（PC またはスマートフォンで下記のアンケートフォームよりお願いいたします）。

アンケートにご協力いただいた方のなかから抽選で毎月 10 名の方に、コスモピア・オンラインショップ（https://www.cosmopier.net/shop/）でお使いいただける 500 円分のクーポンを差し上げます。
（当選メールをもって発表にかえさせていただきます）

アンケートフォーム
https://forms.gle/2H1Hw9RU8Ck3dQXh6